혼자라서 외로운 사람
혼자서도 행복한 사람

혼자라서 외로운 사람
혼자서도 행복한 사람

아리카와 마유미 **지음** | 정문주 옮김

시크릿하우스

혼자가 외롭다는 건 착각일 뿐

외로우니까 즐거운 일을 찾아낼 수 있다고 생각한다.
외로워서 아무것도 하고 싶지 않다.

여러분은 어느 쪽인가?

'사람은 누군가와 함께 있어야 행복해질 수 있다. 고독은 불행이다'라는 생각은 잘못된 확신이다. 오히려 '외로우니까 할 수 있는 일이 있다'라고 혼자를 받아들이는 순간, 누군가와 함께 있어야 한다는 집착에서 해방되고 일과 인간관계가 다 잘 돌아가기 시작한다.

누군가와 함께인 상태가 아니라 '고독'을 기본으로 삼으면 마음에 자유가 생긴다. **하고 싶은 일, 좋아하는 일을 무한대로 추구할 수 있다.** 시간과 장소의 속박으로부터도 벗어날 수 있어 즐거움과 행복은 몇 배나 커진다. 호기심을 가지고 도전하기, 놀기, 배우기, 다양한 사람들과 관계 맺기 등 스스로 결정하고 스스로 움직일 수 있게 되는 것이다.

나 홀로 캠핑, 혼술, 나 홀로 여행, 1인 노래방, 나만의 취향과 관심사 등 '나 홀로 활동'에 몰두하는 사람이 늘어난 것도 '누군가와 함께'인 삶에 지친 현대인의 마음을 방증한다. 예를 들어, 나 홀로 캠핑을 가면 타인을 신경 쓰지 않고 자기 페이스대로 자신이 하고 싶은 일에만 집중할 수 있다. 멍하니 별을 보거나 새소리를 듣는 등 편안한 상태로 오감을 동원해 그 순간에 흠뻑 젖을 수 있는 것이다.

고독의 본질은 자유롭게 외부 세계와 접하면서 설렘과 재미를 느끼고 몰두함으로써 살아갈 힘을 되찾는 데 있다. **물론 혼자가 익숙하지 않은 사람은 처음에는 쓸쓸하겠지만, 곧 익숙해지기 마련이다.** 혼자 결정하고 행동하는 일이 많아지면 '고독의 장점이 있구나', '고독이 주는 즐거움이 이렇게나 많구나' 하는 점을 긍정적으로 받아들이게 되어 삶이 즐거워진다.

고독은 결코 쓸쓸하기만 한 불행이 아니다. 오히려 **혼자를 즐길 수 있는 사람이야말로 멋있고 아름답고 행복한 사람이며, 많은 사람의 지지 속에서 생생하게 빛을 발하는 사람**이기도 하다.

이 책에서 언급하는 '혼자서도 행복한 사람'은 자기 껍데기 속에 틀어박혀 있는 것이 아니라, 자기감정을 중심축으로 삼아 타인과 관계를 맺으며 삶을 즐기는 사람이다. '나는 나, 남은 남'이라고 생각하며 자기감정을 우선시할 때, 상대방도 존중할 수 있다. 지금 혼자인 사람은 물론이고 멋진 가족이나 파트너, 친구, 동료가 옆에 있는 사람도 '혼자'를 전제로 할 때 비로소 남과 함께인 기쁨과 고마움을 실감할 수 있다.

어떤 상황에 있든 '혼자서도 행복해질 수 있는' 기술을 가지고 있어야 한다. 그렇지 않으면 무언가를 끝없이 바라게 되고 쓸쓸함만 커질 뿐이다. 사람은 고독해야 한 인간으로서 성숙하고 자신과 주변에 대한 사랑을 키울 수 있다.

이 책은 '행복한 고독'에 초점을 맞추어 '내가 나를 행복하게 만들 수 있다는 확신'을 줄 목적으로 쓴 책이다. 이 세상에서 자신을 가장 많이 아껴 주는 사람은 자기 자신이다. 그 누구도 아닌 여러분 스스로 자신에게 최고의 행복을 선물했으면 좋겠다.

아리카와 마유미

자신이 좋아하는 일을 찾아내고 즐기는 것,
혼자서도 설레고 기뻐하는 것이야말로
'행복한 고독'이다.

• 1장 •
외로움에 휘둘리지 말 것

• 2장 •
혼자 있는 시간, 가끔 외롭고 자주 행복하다

• 3장 •
외로움을 즐기면 자유가 된다

• 4장 •
외로움을 즐기는 사람은 삶이 우아하다

• 5장 •
혼자라서 외로운 사람, 혼자서도 행복한 사람

• 6장 •
혼자라서 외로운 사람의 인간관계,
혼자서도 행복한 사람의 인간관계

외로움에
휘둘리지 말 것

쓸쓸함, 죄의식은 기분 탓일 뿐

'혼자'를 나쁘게 보는 것은 큰 손해다

자유와 자신감을
뺏기면 안 된다

"혼자 있고 싶기도 하지만, 혼자라는 건 웬지 부정적으로 느껴져요."

취재를 하며 만난 사람 중 나이와 성별, 가족이나 연인이 있는지와 관계없이 많은 이들이 이런 말을 했다. '혼자가 좋지만, 줄곧 혼자 살아야 한다고 생각하면 불안하기도 하고 부모님께도 죄송하다', '혼자 살고, 밥도 혼자 먹으면 쓸쓸하게 보일까 봐 남의 눈이 신경 쓰인다', '가족이 있는데도 나만의 시간과 삶을 소중히 여기는 행동에 대해 죄책감이 느껴진다', '동료들과 행동 방식이나 관심사가 달라서 고립되는 자신이 너무나 안타깝다'라는 의미였다.

이는 '혼자인 건 나쁜 것'이고 '누군가와 함께인 건 좋은 것'이라는 큰 착각에서 나온 말이다. '혼자'에 대해서 '쓸쓸하다', '불쌍하다', '비참하다', '이기적이다', '괴짜다' 등의 부정적인 이미지를 떠올리기 때문이 아닐까?

하지만 '혼자'는 좋은 것도 아니고, 나쁜 것도 아니다. 단순하게 '혼자는 나쁜 것'이라고 치부하는 사람은 인생에서 큰 손해를 본다. '누군가와 함께 있어야 한다는 강박'에 사로잡혀 스스로 자신을 괴롭히기 때문이다.

예를 들어, 직장에서 혼자 밥 먹는 일이 비참하고 부끄럽게 느껴지며 그래서 혼밥을 꺼린다면 그 사람은 주위 시선에만 신경이 쏠려 있는 것이다. 그런 생각 때문에 가고 싶지도 않은 식당을 따라가거나 혼자 먹더라도 숨어서 먹는다면 자연히 지칠 수밖에 없다.

가장 큰 불행은 '내가 무엇을 하고 싶은지'에 관심을 끊는다는 점이다. 심하면 '나만 이상하다는 저주'에 걸려 자신감마저 상실하게 된다.

잠시 멈춰 서서 '혼자가 뭐가 나빠? 괜찮잖아'라고 마음을 고쳐 먹자. 그렇게만 할 수 있으면 강박에서 해방되어 원하는 곳에서 원하는 바를 맛볼 수 있다. 또 몸과 마음, 시간과 장소의 구속에서 벗어나 몇 배나 큰 즐거움과 행복을 얻을 수 있다.

세상에는 '혼자'에 대한 부정적인 착각이 만연해 있다. 그래서 1장에서는 모두에게 가르쳐 주고 싶은 '행복한 고독'을 부각하고 소개하려 한다.

혼자는 쓸쓸하다는 생각은
착각일 뿐

|

오히려
혼자가 맘 편하다

'혼자는 쓸쓸하다'라고 생각하기 쉽지만, 물리적으로 '혼자인 상태'와 감정적으로 '쓸쓸한 상태'는 매우 다르다. "혼자라는 건 생각만 해도 괴롭다"라는 사람이 있는가 하면, "차라리 혼자가 맘 편하다"라는 사람도 있다. '혼자는 쓸쓸하다는 생각'은 착각일 뿐이다. 오히려 주변에 사람이 있는데도 그 속에서 쓸쓸함을 느끼는 사람이 더 많다.

인간관계를 맺으면 타인에 대해 여러 가지를 기대하기 마련이다. 쓸쓸한 감정은 '왜 친하게 대해주지 않지?', '내 얘기를 들어주지 않네', '나를 이해해 주지 않아', '왜 도와주지 않는 거야?'처럼 기대가 충족되지 않을 때 생기기 마련이다.

그러나 '친해진 줄 알았는데', '이해해 줄 줄 알았는데' 하는 생각은 대부분이 착각이다. 제멋대로 기대했다가 실망하는 것뿐이다. '그럴 수도 있지' 하고 기대를 접는 순간 편해질 수 있는데, 끝끝내 집착하며 쓸쓸한 감정을 끌어가면 손해만 본다.

나는 20대 때 '회사는 내 진가를 모른다', '내 연인은 내게 자주 연락하지 않는다'라는 불만 속에서 늘 쓸쓸했다. 그러다 보니 짜증이 태도에 드러났고 인간관계도 꼬이는 악순환이 이어졌다. 마음속 구멍을 메우기 위해 폭음, 폭식하거나 흥청망청 돈을 쓰고 다닌 적도 있다.

외로움은 '마음의 감기'와도 같다. 조금 쉬면서 마음을 응급처치하면 좋아질 수 있으련만, 제 손으로 꼬기 시작하면 초조함과 불안, 분노, 미움을 넘어 열등감, 자기혐오에 이르는 수많은 감정이 생기면서 상태가 점점 심각해진다. **외로워서가 아니라 '혼자는 쓸쓸한 것, 나쁜 것'이라는 착각 때문에 몸과 마음이 멍드는 것이다.**

더 이상 무언가에 매달리거나 착각에 끌려다니면서 자신에게 상처 주는 짓은 하지 말자. 쓸쓸하다는 착각은 스스로 만들어 낸 감정이니 스스로 정리할 수 있다.

혼자라서 좋다, 즐겁게 살자!

|

외로움, 부정하면 짐이 되고 긍정하면 친구가 된다

내가 20대 때 늘 쓸쓸했던 이유는 마음속에 '남들 하는 만큼은 해야 한다', '회사가 시키는 대로 해야 한다', '결혼해야 한다', '사회적으로 인정받아야 한다'라는 잘못된 믿음과 함께 삶의 정상적인 궤도를 벗어났다는 소외감, 패배감이 있었기 때문이다. 나를 남과 비교하고 남의 평가에 의존해서 살다 보니 주위 반응에 일희일비했고, 한심스러운 자신을 용서할 수가 없었다.

그러다가 30대에 연인과 헤어지고, 정년까지 다니려던 회사를 그만두면서 물리적으로 혼자 남게 되었을 때 신기하게도 이런 생각이 들었다.

'혼자? 좋지, 뭐. 이제부턴 혼자 여행하는 느낌으로 누가 뭐라고 하든 나 하고 싶은 대로 하면서 살자. 내 뜻대로 내 인생 여정을 만들고 즐기는 거야!'

태어나 처음으로 '혼자니까 할 수 있는 일이 있다'라는 생각이 들자, 눈이 번쩍 뜨이는 기분이었다. 도전하기, 호기심을 품고 배우기, 환경 바꾸기, 다양한 사람들 속으로 들어가기 등 스스로 결정하고 스스로 움직일 수 있었으니까 말이다.

외로움을 받아들인 순간, '이래야 한다, 저래야 한다'라는 쓸데없는 강박 때문에 헛돌던 일과 인간관계의 톱니바퀴가 술술 돌아가기 시작했다. 사람은 홀로 태어나 홀로 죽으니, 애초에 인생은 '나 홀로 여행'이다.

혼자를 싫어하고 부정적으로 받아들이면 외로움은 짐이 되어 우리를 무겁게 덮친다. 하지만 혼자도 나쁘지 않다고 긍정적으로 받아들이면 외로움은 든든한 친구가 되어 우리를 도와준다. 혼자가 익숙하지 않은 사람은 처음에는 쓸쓸하고 약간의 거부 반응도 느끼겠지만, 곧 익숙해질 수 있다.

점차 '혼자는 나쁜 게 아니다', '혼자가 주는 즐거움이 많다', '혼자는 예상 밖의 결과를 낳는다' 등 긍정적인 관점이 생기고 하루하루가 즐거워질 것이다. '혼자든, 누군가와 함께든 각각의 장점이 있다. 둘 다 좋다'라는 생각이 들었을 때 비로소 불안과 두려움이 사라지고 그때그때 진심으로 원하는 선택을 할 수 있게 된다.

04

혼자 있을 수 있으면
멋있고 행복한 사람

|

외로움을 즐기는 사람은
남이 아닌 자신에게 기대한다

산속 작은 집에 혼자 사는 80대 지인은 주변 사람들로부터 외롭지 않냐는 걱정을 자주 듣는다고 한다. "밭일도 하고 날마다 집안일, 그림 그리기로 바빠서 외로울 틈이 없어"라고 대답해도 남들은 믿어주질 않는다고 한다. '혼자인 사람은 모두 외로울 것'이라고 믿는 사람은 그녀의 말을 이해하지 못할 것이다.

"내 집에는 찾아오는 사람은 많지 않아도 매일 산새와 동물들이 놀러 와. 계절의 흐름, 바람과 물소리, 햇빛의 온기 같은 자연을 느끼다 보면 얼마나 풍족한 기분이 드는지 몰라."

그녀는 자신이 지금 누릴 수 있는 것들 속에서 기쁨과 행복을 찾아내는 선수다. 어려운 일이 있을 때 남을 의지하는 법도 잘 아는 그녀가 마음껏 혼자만의 삶을 즐기는 모습은 그야말로 자립한 한 인간으로서 멋지게 느껴진다.

반면, 혼자가 익숙하지 않은 사람은 누군가와 함께 있어야 한다는 생각에 휘둘려 남에게 기대하는 바가 많기에 '아무도 나를 위해 움직여 주지 않네', '세상은 냉정해', '조금만 더 도와주면 좋을 텐데' 같은 생떼를 부리게 된다.

남에게 기대한다는 말은 제 손으로는 해결하지 않는다는 의미이기에 항상 불만과 외로움이 따를 수밖에 없다. 생일이나 크리스마스를 혼자 보내는 것이 쓸쓸하게 느껴지는 이유는 '이벤트는 꼭 누군가와 함께해야 한다는 착각'에 빠져 누군가가 내 옆에 있어 주기를 기대하기 때문이다.

자신을 비참하고 쓸쓸한 사람이라고 느끼는 건 정말이지 쓸데 없는 감정 낭비다. 외로움을 즐길 수 있어야 '생일은 나 자신과 대화하는 날이다', '혼자 가는 여행인데 작은 사치를 부려도 좋 겠지?', '굳이 특별한 일은 할 필요 없어' 등 풍부한 상상력을 발휘해 자기 완결형 행동을 할 수 있다. 이렇게 하면 자긍심이 높아지고 충분히 행복해질 수 있다.

외로운가? 그렇다면 이미 자신이 가진 것, 지금이라서 할 수 있는 일을 다시 한번 확인해 보기 바란다.

혼자는 창피하다는 생각은
유치하다

|

남의 시선에 휘둘려
자신을 잃을 수도 있다

사춘기 청소년들은 늘 '나만 외톨이인가?' 싶은 상황에 신경을 곤두세운다. 그래서 외톨이가 될까 무서워서 등하교 때나 교실을 이동할 때, 화장실 갈 때도 무리 지어 다니고, 혼자 소외되기 싫어서 친구들이 좋아하는 아이돌을 함께 쫓아다닌다. 취재 때 만난 어떤 여성은 수학여행 조 편성이 있는 날 혼자 다른 조로 떨어질까 무서워서 그날은 아예 결석했다고 한다.

나도 사회과목으로 지리를 선택하고 싶었는데 '여자 혼자 남학생들 사이에 끼는 건 싫어', '친구들이랑 같은 수업 들을래'라며 역사를 선택했다가 나중에 크게 후회한 기억이 있다. 지금 와서 생각하면 외톨이가 되기 싫었다기보다 친구도 없는 안쓰러운 아이라는 꼬리표가 붙는 게 창피했던 것 같다.

창피함이라는 감정은 '주변 사람들이 나를 어떻게 볼까?'라고

'자신'을 의식했을 때 일어난다고 한다. 그러니까 '혼자는 창피하다는 생각'은 자의식 과잉이다. '남들은 나에게 신경 쓰지 않는다'라고 생각하면 창피해할 일도 없다.

어른이 되어서도 '혼자 점심 먹기는 창피해', '혼자 영화관에 가는 건 창피해'라면서 혼자 행동하기를 두려워하는 사람이 있는데, 어찌 보면 유치한 일이다. 자신이 '어찌하고 싶은지'보다 주위 사람들이 '어떻게 생각하는지'를 우선시하기 때문이고, 자신이 하고 싶은 일을 할 수 없어 여러 사람에게 의지해야 하기 때문이다.

혼자인 건 창피해할 일이 아니다. 오히려 정신적으로 자립했다는 증거다. 자신이 혼자라는 사실을 창피해하지 말고 혼자 행동할 수 없는 것, 혼자 있는 사람을 불쌍하게 보는 편견을 창피하게 여겨야 한다.

요즘은 혼자 밥 먹고, 영화나 노래방, 공연장도 혼자 가고, 심지어 캠핑도 혼자 가는 풍조가 흔해졌으니 창피하게 여길 이유가 없어진 셈이다. 한번 해 보고 나면 거부감이 사라지고 '점심 시간만이라도 혼자 있고 싶다', '이 영화는 혼자 차분히 보고 싶다'라는 생각이 들 것이다.

진정한 어른은 자기감정을 중심축으로 삼아 움직이는 법이다.

혼자는 불행하다는 생각은
세상의 세뇌일 뿐

|

어느 쪽이 행복한지는
무의미한 질문이다

기존에 가족과 커플 고객 중심으로 운영하던 세계적 대형 크루즈 여객선들이 지금은 1인 고객을 위한 방과 서비스를 제공하는 데 여념이 없다. 1인 고객 전용층, 교류의 장도 마련하고 있어서 여행객들이 혼자서도 거리낌 없이 크루즈 여행을 즐길 수 있다고 한다. 세계적으로도 '나 홀로 고객'이 흔해진 시대지만, 아직도 세상 사람들은 '혼자는 불행하다는 생각'에 갇힌 것 같다.

TV나 광고에서도 '많은 사람과 연결된 상태야말로 행복'이라고 떠든다. 그런데 정말 혼자는 불행하고 혼자서는 행복할 수 없는 걸까? 혼자 사는 사람이 많아졌다는 의미는 세상이 평화로워졌고, 사회 기능이 잘 정비되었으며, 가족이나 지역 간 갈등으로부터 자유로워졌다는 의미가 아닐까? 이 얼마나 행복한 일인가?

어느 쪽이 행복한지를 따지는 건 난센스다. 누군가와 함께하는 행복도 있고 혼자인 행복도 있으니까 말이다. 반대로 누군가와 함께 있어서 생기는 어려움도 있고 혼자이기에 생기는 어려움도 있다. 각자가 지금 있는 자리에서 자기 행복을 찾아가면 된다는 말이다.

다만, **어떤 자리에 있든 '혼자 행복해질 수 있는 기술'은 갖고 있는 것이 좋다.** 돈을 왕창 벌어 경제적으로 든든한 무기를 가지라는 뜻이 아니다. 굳이 말하면 '혼자 놀기'를 즐길 수 있어야 한다는 뜻이다.

아이가 혼자서도 모래놀이나 그림 그리기에 빠져들듯이 자신이 좋아하는 일을 찾아내고 즐기는 것, 혼자서도 설레고 기뻐하는 것이야말로 '행복한 고독'이다. 일과 배움은 둘 다 자신의 목적을 찾아 도전하고 모험하는 '놀이'의 일환이다.

15세기 고승 렌뇨쇼닌은 이렇게 말했다. "사람들은 동행인 앞에서는 기뻐하니 이는 잘 보이고 싶은 욕구 때문이다. 그러나 혼자 있어 기뻐함이야말로 절대 행복이다."

남 앞에서 행복한 사람으로 보이기 위해 기뻐하는 것은 명예욕이나 인정받고 싶은 욕구 때문이다. 이에 반해 아무 칭찬을 듣지 않고도 혼자서 행복할 수 있는 사람은 절대적인 행복을 얻을 수 있다. 현명한 사람은 혼자서도 넘치게 행복하다.

혼자 있고 싶은 것과
이기적인 것은 다르다

|

함께 있기 위해서도
자신을 되찾을 시간이 필요하다

"동료나 친구들에게 사회성이 떨어진다는 말을 듣지만, 나는 혼자인 게 정말 좋아요."

"부모님이 결혼하라고 압박하시지만, 저는 이대로 혼자 살고 싶어요."

"가족이 있어요. 하지만, 가끔은 혼자서 훌쩍 어디론가 떠나고 싶어요."

시대가 변하면서 '혼자 있고 싶다'라는 욕구를 드러내는 사람이 점차 늘고 있다. 그리고 그런 사람들 대부분은 '내가 이기적인가?', '이게 내 멋대로 사는 건가?' 하는 죄책감을 안고 있다. 그런데 절대 그렇지 않다. 혼자 있고 싶은 욕구는 인간의 본능에서 비롯된다. 이건 당연한 욕구이며 자신을 소중히 여기려는 마음의 표현이다.

재차 말하지만, 인간은 기본적으로 외로운 존재다. 모두의 인격이 다르듯 사고방식과 삶의 방식도 제각각이다. 사회인으로서, 아들 또는 딸로서, 배우자나 부모로서 여러 역할을 하며 바쁘게 살아가는 와중에도 '개인으로서의 나'를 지키려는 본능이 '혼자 있고 싶다는 생각'으로 이어지는 것은 자연스러운 현상이다.

특히 동조 압력을 가하고 자신이 상대보다 우위에 있음을 강조하려 드는 세태 속에서는 아무 일 하지 않아도 쉽게 지치게 된다. 혼자만의 시간에 빠져들 수 있는 대피장소를 원하는 것도 무리가 아니다. 인간관계 속에서 살아가기 위해 혼자만의 시간은 필수다.

사람은 혼자 있을 때 비로소 마음이 자유로워진다. 예술가나 소설가도 혼자만의 시간 속에서 작품을 탄생시킨다. 방황 속에서 자기 삶의 방향을 찾는 것도, 결의를 다지는 것도 모두 혼자일 때 가능하다. 누구에게도 지배받지 않는 '개인인 나'가 되었을 때, 살아갈 힘이 다시 샘솟는 것이다.

다만, 인간에게는 '혼자 있고 싶은' 욕구와 '남과 함께하고 싶은' 욕구가 동시에 존재한다. 남과 어울리는 과정에서 서로 의지할 수도 있다. 코로나로 재택근무가 이어졌을 때, 편안하다고 느끼면서도 동료가 그립다는 사람이 많았지 않은가?

우리는 '혼자 있고 싶은' 욕구와 '남과 함께 있고 싶은' 욕구 사이를 오가면서 긴장과 이완의 균형을 유지한다.

주변과 거리감이 느껴지더라도
웃어넘기자

|

'남과 맞지 않는 건 당연하다'라는
전제로 살면 편하다

'동료들 사이에 녹아들지 못한다. 나만 붕 뜬 느낌이다'라고
심각하게 고민하는 사람이 있었다. 그는 사람들이 자신만 깔보
는 것 같고, 말도 잘 통하지 않고, 술자리에 부르는 사람도 없고,
의견을 말해도 아무도 반응해 주지 않는다고 했다. 직장은 일하
는 곳인 줄 알면서도 남들이 사이좋게 사담을 나누는 걸 보면 어
쩔 수 없이 불안하고 쓸쓸하다는 것이었다.

　그런 불안감은 나도 경험한 적이 있다. '내 인상이 나쁜가? 아
니면 저들이 일부러 날 따돌리는 걸까?' 하는 고민을 많이 했다.
나와는 달리 붙임성 있게 웃으며 주위에 잘 녹아드는 동료들을
원망하기도 했고, 주눅이 들기도 했고, 소외감에 사로잡히기도
했다.

　하지만 **주위에 녹아들지 못하는 쓸쓸함, 소외감을 그렇게 심**

각하게 여길 필요는 없다. '그래서 뭐?'라고 정색하고 웃어넘기면 그뿐이다. 남 일처럼 웃어넘기면 한발 물러서서 바라볼 수도 있고, '고민하고 방황할 정도의 문제는 아니구나' 하는 생각도 하게 된다.

그 상황에서 고민하는 원인은 사람은 저마다 다르다는 전제를 잠시 잊었기 때문이다. 주위에 녹아들지 못할 수도 있고 마찰이 있을 수도 있는데, 어릴 때부터 받아온 교육 탓인지 무리 속에 합류해 편안해지려는 습관이 있기 때문이다.

우리는 누구나 성격과 배경, 가치관 등이 남과 다르다. 주위에 잘 녹아든 것처럼 보이는 사람도 사실은 익숙한 척하고 있을 뿐, 알고 보면 자기다움을 드러내지 못해 괴로워하거나 열등감을 느낄지 모른다.

성숙한 사람이라면 내가 나로 존재하기 위해 약간의 외로움은 감수해야 하지 않을까? 혼자 따로 노는 느낌이 들어도 '그래서 뭐?'라고 아무렇지 않게 받아들이면 다른 사람과의 차이도 편안하게 받아들일 수 있다. 언젠가는 사소한 계기로 친해지고 서로를 인정할 기회도 생길 것이다. 사람은 저마다 달라야 마땅하다는 전제가 있으면 삶을 훨씬 편안하고 따뜻한 시선으로 바라볼 수 있다.

가족이 있어야
행복하다는 말은 거짓이다

|

어차피 성장할 사람은 성장하고,
행복해질 사람은 행복해진다

아직도 "결혼해서 가정을 꾸려야 제대로 된 어른이지", "자식을 키워 봐야 인간적으로 성숙한 사람이지"라고 태연하게 말하는 사람들이 있다. '내 몸보다 소중한 아이를 지키고, 그 아이가 커 가면서 만들어 낸 문제를 극복하는 과정에서 나 자신도 성장했다'라는 자부심이 있기 때문일 것이다.

물론 훌륭한 체험이지만, 남의 기분 따위는 생각하지 않고 뻐기며 제 가치관을 강요하는 사람이 인간적으로 성숙하다고 할 수 있을까? 아이를 키우면서도 감사할 줄 모르고 상냥함과 책임감이 모자라는 등 기본적인 측면이 성장하지 못한 사람도 있다. 인간의 진가는 결혼이나 육아의 경험으로 결정되는 것이 아니다. 어떤 처지에서 무엇을 경험하는지보다는 현실을 어떻게 바라보고, 어떻게 행동하는지가 쌓이고 쌓여서 발전하고 인간적으로 성숙하는 것이다.

나는 아이가 없어도 사랑과 지성이 넘치고 존경할 수 있는 사람을 여럿 안다. 일 때문에, 또는 부모님 간병이나 건강을 이유로 가정 꾸리기를 포기한 사람도 있다.

다양성을 중시하는 사회에서 장애나 성적 소수자에 대한 이해는 깊어지는데, 뿌리 깊은 솔로 차별, 솔로에 대한 편견에 젖어 혼자 사는 자기 자신을 비하하는 사람도 적지 않다. **하지만 혼자인 건 문제가 아니다. 오히려 그 점을 신경 쓰느라 느긋하게 살 수 없는 게 문제다. 이런 고민도 '그래서 뭐?'라며 웃어넘기고 끝내야 한다.**

또 '가족이 있어야 행복하다', '가족이 없으면 노후가 쓸쓸하다'라는 말도 거짓이다. 가족이 있어 행복할 수도 있지만, 가족이 있으면 감정적인 다툼도 일어나기 쉽다. 게다가 지금은 자식이나 손자의 도움으로 여생을 보내는 시대도 아니다.

물론 혼자 살아서 맛볼 수 있는 행복이 있는가 하면 혼자라서 겪어야 하는 어려움과 쓸쓸함도 있다. 이 세상에 천국은 없다. 어떤 상황에도 장단점이 있고 빛과 그림자가 있다.

그러니 다른 사람의 처지를 부정해서는 안 된다. 겸손한 자세로 상대방의 처지를 존중하며 배려해야 자신에게도 좋다.

친구가 없어도
아무 문제 없다

|

누구나 외롭다고 생각하면
친구 없는 외로움에서 해방된다

친구 없는 사람을 '인간적인 매력이 없는 사람'과 같은 의미로 생각하는 이들이 많은 것 같다. 우리는 어렸을 때부터 '친구는 많아야 좋다'라는 주입식 교육을 받았다. 사람들과 잘 어울려 지내는 인기인을 볼 때마다 부러워하면서 '나는 친구라 할 만한 사람이 없다'라고 비참함을 느끼는 사람도 있다.

요즘은 SNS만 봐도 친구 숫자를 파악할 수 있다. 팔로워 수, 좋아요 수가 적다고 해서 자기 비하에 빠지는 건 남들과 연결되려는 욕구가 낳은 '불행한 고독'이라고 봐야 하지 않을까? 친구가 없다고 걱정하는 이유는 정말 곤란해서가 아니라 그것을 통해 사람의 가치를 가늠하기 때문이다. 혼자라도 사는 데는 아무 지장이 없다. 친구는 인생의 필수 조건이 아니다.

친구가 있으면 즐겁고 든든하기도 하지만, 없어도 살아가는 데

는 문제가 되지 않는다. 친구가 없는 시기는 자기 관심사와 배움에 몰두할 기회이기도 하다. 그런 의미에서 '표면적으로 만나는 친구는 없는 게 낫다', '차라리 혼자가 편하다'라며 SNS를 그만두거나 친구 만들기를 꺼리는 사람도 있다.

솔직히 친구가 많으면 인간관계에 많은 정성을 쏟아야 한다. SNS에 글을 올리고, 모두가 모이는 이벤트에 참석하는 등 주위에 반응하다 보면 방대한 시간과 에너지가 소모되는 것도 사실이다. 얕게 만나는 사람들과의 교류에 지쳐서 정말 소중한 사람, 소중한 과제를 간과하고 있을 수도 있다.

내 경험을 말하자면, '친구는 없어도 된다!'라고 마음먹자마자 깊이 교제할 수 있는 친구가 눈에 띄었다. 그리고 친구를 억지로 사귈 필요가 없다고 결심했을 때, 비로소 인간관계에서 생기는 '불행한 고독'에서 해방되었고 '이 사람하고만은 연결되고 싶다' 하는 사람이 내게 남았다. 이는 분명 외로움을 받아들이겠다고 각오한 사람에게 주어지는 선물일 것이다.

싫은 사람과는
멀찍이 떨어지자

|

싫은 사람과는
좋은 관계를 만들기 어렵다

학교 때 절친했던 친구, 또는 사이가 좋았던 옛 직장 동료와 오랜만에 만났는데 말이 통하지 않을 때가 있다. 상대방이 자기 자랑만 늘어놓거나 자기 가치관을 강요하는 통에 영 기분이 말끔하지 않은 것이다. 상대가 싫은데도 만나는 이유는 마음속에 '동창, 동기니까 사이좋게 지내야 한다는 마음'이 있어서 인연을 끊거나 거리를 둘 때 죄책감을 느낀다는 소리다.

하지만 억지로 사귀다 보면 자신도 모르게 표정과 말투에 답답함, 짜증이 드러나게 된다. 결국은 티 안 내고 싫어하거나 대놓고 상처 주는 결말로 끝나기 일쑤다.

상대방에 대해 싫다거나 다루기 어렵다는 생각이 드는 이유는 거리가 너무 가깝기 때문이다. 누구에게나 사이좋게 지낼 수 없는 상대가 있다. 그럴 때는 싫은 감정이 느껴지지 않을 정도로 멀리 떨어져야 불쾌할 일도 없다.

매달 만난 사이라면 1년쯤은 만나지 않아야 '그 사람도 좋은 점이 있었구나. 오랜만에 연락 한번 해 볼까?' 하는 생각이 들 것이다. 까맣게 잊힌다면 그 관계는 거기까지라고 생각하면 된다. 대응하기 어려운 상사나 클라이언트와도 억지로 사이좋게 지내려 하지 않아도 된다. **무리 없는 대화만 하고 내키지 않는 권유는 거절하는 등 감정의 거리를 두고 사무적으로 사귀면 될 일이다.** 거리감만 잘 조절하면 어떤 상대라도 사귈 수 있다.

정말 골치 아픈 관계는 부모 자식이나 연인 등 사이가 나빠도 헤어지기 어려운 경우다. 깊은 상처를 주고받으면서도 '부모 자식이니까', '좋아하니까' 등의 이유를 붙여 매달리다 보면 애정이 미움으로 바뀌어 지옥으로 변할 수 있다.

'고슴도치의 딜레마'처럼 너무 가까우면 서로를 해치고, 너무 멀어지면 쓸쓸해지는 것이 인간관계다. 가깝다고 좋은 것이 아니다. 다가섰다 멀어지는 과정을 통해 기분 좋은 거리감을 찾아내는 것이 성숙한 관계다.

기분 좋은 거리감을 찾으려면 외로움을 받아들이고 '멀어질 용기'를 낼 필요도 있다.

12

눈치 보다가
인생 끝난다

|

자신을 지키려는 행동이
자신을 망칠 수도 있다

주변의 분위기를 읽고 맞추려는 행동은 마찰을 일으키지 않으려는 노력의 일환이다. 이는 자신을 지킴과 동시에 상대를 배려한다는 측면에서 긍정적으로 작용하기도 하지만, 눈치만 보다 보면 돌이킬 수 없는 큰 손해를 볼 수도 있다.

나도 직장인 시절에는 주변 분위기에 예민하게 반응했다. 누가 시키지 않아도 '선배보다 먼저 퇴근하면 안 된다', '쓸데없는 말은 하면 안 된다', '눈에 띄게 행동하면 안 된다'라고 생각하면서 주위 분위기에 나를 맞췄다.

그렇게 분위기를 읽고 다른 사람의 눈치를 보는 습관이 들면 자신도 모르는 사이에 인간관계에 스트레스가 쌓이고 종국에는 출근이 꺼려지기까지 한다. 또 늘 자신을 억눌러야 하기에 자기주장은 고사하고 의견조차 가질 수 없게 된다. 타인의 욕구에 지나치게 민감해지면 자기 욕구에 둔감해지기 때문이다. 그러다 보니 자신을 지키기 위해 주위에 맞췄는데 결과적으로는 심신이 망가지는 비극을 부르게 된다.

분위기 파악에 지나치게 신경 쓰다가 맞는 또 하나의 비극은 '본질이 사라지는 점'이다. 예를 들어 고객을 위해 좋은 서비스를 제공하고 싶다는 생각이 있더라도 불필요한 업무를 늘리지 말라는 윗선의 지시를 더 우선시하거나, 회사에 조금이라도 더 오래 다니기 위해 사내 인간관계에만 신경 쓴다면 자신의 방향성은 희미해지고 만다.

성실하고 우수한 사람인데도 동조 압력의 덫에 빠진 탓에 결과를 내지 못하고 자기 실력을 키우지 못하는 사례가 있다. 능력 있는 베테랑은 주변의 동조 압력을 거부하고 자기 길을 가면서도 자기만의 결과를 내는 아웃사이더의 삶을 지향한다. **나는 '나는 나, 남은 남'이라는 태도가 두드러진 결과를 내지 못한다고 할지라도 '자신이 원하는 바'를 즐겁게 추구하는 마니아적인 삶의 방식이 낫다고 확신한다.**

일이든 취미든 간에 스스로 '이거다!'라고 믿고 철저하게 추구해 나가는 자세야말로 '행복한 고독'이다. 그런 자세로 사는 사람은 인정받으려 애쓰지 않아도 결과적으로 존경 받는 존재가 된다.

13

나만 외로운 것이 아니라 모두가 외롭다

|

'나만 외롭다'라고 생각하면 폭발하기 쉽다

"남들은 주말에 가족, 연인과 행복하게 지내는데 나만 외롭네요"라고 고민하는 여성을 만났다. 그런데 그녀는 휴일에는 외출할 생각도 하지 않고 그저 집에서 빈둥거렸다. 힘든 일이 있으면 며칠씩 침울해지고 눈물이 흐른다는 말도 했다.

마음 한구석에 자리 잡은 '나만 외롭다는 마음'은 뚜렷한 마음의 상처는 아니지만, 하루하루 조금씩, 그리고 어렴풋이 자신에게 상처를 입힌다. 이렇게 쓸쓸한 감정을 쌓아가다 보면 아무것도 아닌 일에도 큰 상처를 입게 된다.

가족이 있다고 해서 쓸쓸함이 해소되는 것은 아니다. 직장을 그만두고 육아에 전념하던 한 여성은 남편이 매일 같이 야근하고 늦게 귀가한다고 불평했다. 그런 남편에 대해 육아에 협조적이지 않다, 귀가가 늦어도 연락하지 않는다, 대화가 없다 등 불만이 있어도 풍파를 일으키고 싶지 않은 마음에 그저 혼자 꾹 참고 살았다.

그러던 어느 날, 주말 외출을 약속한 남편이 피곤해서 나가기 싫다고 하자 억눌렀던 감정이 터져 나왔다. "당신은 나에 대해 아무런 배려가 없어. 이럴 줄 알았으면 나도 내 일을 그만두는 게 아니었어"라며 몇 시간이나 울면서 화를 퍼부었다. 남편은 남편대로 힘들어하던 차였기에 '일하느라 고생하는 내 고생을 몰라준다'라며 되받아서 불같이 화를 냈다. 결국 둘은 서로 말도 섞기 싫어하며 한집 안에서 별거에 들어갔고, 또 다른 쓸쓸함에 빠졌다.

'나만 외롭다는 생각'을 품다 보면 마음이 약해지고 화가 나기 쉬우며 스스로 파괴적인 행동으로 치달을 수 있다. 걸핏하면 화내고 남에게 피해를 주는 꼰대, 고압적인 태도로 사사건건 트집 잡는 블랙 컨슈머도 '자기 존재를 인정해 달라는 외로움'이 깊어서 그런 행동을 하는지도 모른다. 가족이 있어도 대화가 적어서 느끼는 외로움, 정년을 맞아 사회에서 소외됐다는 고립감이 원인일 수도 있다.

'나만' 외로운 것이 아니라 '모두가' 외롭다. 한 발짝 물러서서 '너도 힘들겠구나!'라는 관점을 가지지 않는 한 외로움의 상처는 깊어지기만 할 것이다.

14

도시나 시골이나
외롭기는 마찬가지다

|

시골 사회의 고독은
생존의 문제다

도시인의 외로움은 흔히 '도시 사람들은 차갑다', '군중 속의 고독'이라는 말로 표현된다. 아파트 이웃이 누군지도 모르고, 엘리베이터 안에서 인사도 나누지 않다 보니 어린아이나 어르신에게도 말 걸기가 어렵다. 서로 얼굴을 마주하면서도 표면적, 유동적인 교제에 그치기 때문에 타인과 깊은 관계를 맺기 어려워 불안해하는 사람도 있다.

약 50년 전, '도쿄 사막'이라는 가요가 있었다. 가사는 '인간관계가 메마르고 마음이 피폐해지는 도시 한편에서 남녀가 서로를 의지하며 살아간다…'라는 내용이었다. 예나 지금이나 인구가 많은 환경은 사람을 외롭게 만들기 쉽다.

'시골 사람들은 따뜻하다'라는 평가가 많은데, 인구가 적은 시골 사회에서는 마찰을 빚지 않고 관계를 맺으려는 소통 문화가 발달할 수밖에 없다 보니 그런 말이 나오는 것 같다. 그런 사회에서는 서로 도와야 살 수 있고, 서로 돕는 동시에 이루어지는 상호 감시는 나쁜 짓을 억제해 안도감을 조성한다.

하지만 시골에는 시골대로 심각한 외로움이 있다. 인간관계가 농밀한 만큼 서로를 비교하게 되고 평가하기도 쉬워서다. 좁은 인간관계 속에서는 권력 있는 사람, 다수파가 힘을 가지기에 의견이나 가치관에 차이가 있다는 사실을 제대로 알릴 수 없어 외로움이 깊어지는 것이다.

나는 극단적인 과소過疎 상태라 공동체로 존재하기조차 어려운, 이른바 한계 집락•에서 산 적이 있다. 다행히 주변의 도움을 많이 받았지만, 마음 한구석에는 '만일 미움을 사서 이 마을에서 따돌림이라도 당한다면 여기서는 절대 뿌리내리고 살 수 없을 거야'라는 두려움도 늘 따라다녔다. 실제로 귀향에 실패하는 사람들의 가장 많은 원인은 인간관계에 녹아들지 못해서 느끼는 소외감이다.

요컨대 어딜 가나 외로움은 존재한다는 말이다. **'애초에 사람은 외로운 존재'라고 각오하면 어디서든 잘 살아갈 수 있다. 오히려 외로움을 즐기면서 관계를 맺어나갈 수도 있다.**

● 한계 집락: 인구의 50퍼센트가 65세 이상이라 농업용수나 삼림, 도로의 유지 관리와 관혼상제 같은 공동생활을 지속하기 어려운 한계 상황에 달한 집락을 말한다.

타인에게 간섭받지 않고 자기 뜻을 관철하고 싶어 하는 사람은 편하고 자극적인 도시가 살기 좋게 느껴질 것이다. 반대로 필연적으로 주변 사람과 엉키며 살아야 하는 시골에서는 쉽게 외로움에 빠지는 사람도 자신의 역할을 찾기가 쉽다.

외로움을 즐기는 사람은 '세상은 냉혹하다', '간섭받기 싫다'라고 불만스럽게 여기는 대신 '이것도 나쁘지 않아'라며 자신이 속한 곳의 긍정적인 면을 받아들이고 인간관계도 즐길 수 있다.

사람은 모두 전혀 다른 삶을
각자의 페이스로 걸어갈 뿐이다.

15

SNS는 외로움을
더 키운다

|

불확실한 관계에도
기대하고 실망하기 때문이다

외로워서, 사람이 그립다고 해서 마음에 뚫린 구멍을 SNS로
메우려는 사람들이 많다. SNS가 언제 어디서나 사람과 사람을
연결해 주는 편리한 도구임은 분명하다. 고민을 털어놓고 도움
을 받고, 원하는 사람과 연결되며, 필요한 정보를 얻는 등 잘만
활용하면 큰 혜택도 얻을 수 있다. 하지만 누군가가 반응해 주는
데 감동해서 목적도, 이유도 모른 채 연결에만 신경 쓸 때 외로
움은 오히려 증폭된다.

누구나 인정받고 싶은 욕구가 있기에 SNS에 몰두하는 사람들
은 그 속에서도 고립되는 것에 대한 두려움을 느낀다. 특히 자신
감이 없고 현실적인 인간관계가 원활하지 않아 침울한 사람일수
록 온라인상 소통에 과도하게 신경 쓰면서 자신을 이해해 주는
사람과 연결되기를 강력히 원하게 된다고 한다.

잘 때도 스마트폰을 놓지 않고 SNS를 확인하며, 답글과 반응에 일희일비하면서 일상의 일과 생활이 방해받는 상태라면 SNS 중독 예비군일 수도 있다. 인스타그램에 올린 사진에 '좋아요'가 몇 개나 달릴지 촉각을 곤두세우는 사람들은 기대한 만큼의 반응을 얻지 못하면 외로움이나 불안감에 시달리거나, 오기가 나서 더 필사적으로 매달리기도 한다.

사실 이는 SNS라는 가상의 불확실한 세계에 멋대로 기대하고 멋대로 실망하는 행동이다. 그런데 그 세계를 너무 믿으면 마음이 상처 입을 뿐 아니라 막대한 시간까지 빼앗기게 된다.

물론 SNS는 외로움을 달래고 따뜻함을 느끼기 위한 정서적 도구이기도 하다. **그래서 마음에 구멍이 뚫렸을 때 쉽게 빠져든다. 하지만 현실 세계와 다르다는 점을 인지하고 이용해야 한다.**

현실의 외로움은 기본적으로 현실 세계에서 해결해야 한다. 연결되기 위한 도구는 목적과 사용상의 주의점을 알고 도구로써 이용해야지, 그렇지 않으면 마음에 상처를 입을 수도 있다.

16

쇼핑은 외로움을
달랠 수 없다

|

마음의 구멍을 메워준다는
착각에서 벗어나자

'외로운 사람은 살찐다'라는 말이 있다. '아무도 알아주지 않는다', '연인, 가족이 나에게 무관심하다', '나만 고립되어 있다'라고 생각하며 외로워하는 사람들은 먹는 행위를 통해 쉽게 마음을 달래며, 자포자기식으로 폭식하기 쉬워서다. 특히 과자나 정크 푸드 등 자극적인 맛은 뇌에서 식욕을 폭발시키는 물질의 분비를 촉진하기에 의존성이 커진다고 한다.

외로움이라는 감정은 알코올 의존, 쇼핑 의존, 도박 의존, 연애 의존도 일으킬 수 있다. 예를 들어 물건을 사들이면 기분이 좋아지고 일시적으로 불행하다는 감정을 잊을 수 있기에 반복하는 경향이 생긴다. 도박이나 연애에 빠져드는 것도 '쾌감'을 얻을 수 있어서라기보다는 쓸쓸함이라는 '불쾌감'을 외면하는 효과가 있기 때문이다. 의존증은 '외로움이 낳은 병'이라고도 한다. 고립된 사람, 갑갑한 환경에 놓인 사람, 문제를 혼자 다 떠안고 사는 사람 등 연결고리를 잃은 사람일수록 의존을 통한 안도감, 쾌감을 크게 느낀다. 그래서 그만둘 수 없는 것이다.

하지만 불필요한 물건을 사든 도박을 하든 그런 행위로는 외로움을 치유할 수 없다. 의존적인 행위는 끊임없이 외로움을 상기시키고, 그래서 행위자는 더더욱 자기 마음의 구멍을 메우고자 안간힘을 쓰게 된다. 마음의 구멍은 스스로 만들어 낸 망상인데도 말이다. 반복하지만, 사람은 혼자서도 잘 살 수 있고 행복해질 수 있다. 외로움에 대해 불안하고 불만스럽게 받아들이면 심신을 갉아먹어 삶이 힘들고 불행해진다.

만약 '외롭지만, 이건 이것대로 괜찮지 않은가?'라고 마음을 가볍게 먹으면 어떻게 될까?

만약 자신이 진심으로 즐길 수 있는 일, 만족할 수 있는 일에 집중하면 어떻게 될까?

만약 힘든 마음을 스스로 보듬고 현실적으로 해결해 나가면 어떻게 될까?

'행복한 고독'이란, 무언가 특별한 행위를 통해 마음의 구멍을 메우려는 행위에서 시작되는 것이 아니라 자신과의 대화에 집중하는 데서 시작된다.

이어지는 2장에서는 외로움을 긍정적으로 받아들이고 즐길 수 있는 감정 관리법에 대해 알아보기로 한다.

• 2장 •

혼자 있는 시간,
가끔 외롭고 자주 행복하다

외로움을 즐기는 사람의 감정 관리법

17

혼자가
외로운 이유

|

'외로움에는 뾰족한 수가 없다',
'혼자도 좋다'라고 생각해야 편안해진다

"직장에서 얘기 나눌 사람이 없어서 외로워요", "혼자 사는 게 외로워 죽겠어요", "연인과 헤어졌는데 쓸쓸함이 잦아들지 않아요"라고 토로하는 사람들이 있다. 누구나 외롭고 쓸쓸함을 느끼는 순간은 있을 것이다. 오랜 기간 혼자 살아온 지인에게 이런 말을 들은 적이 있다.

"혼자인 건 익숙해졌고, 힘들 때나 어려운 일이 있을 때 극복하는 방법도 터득했어. 그런데 말이야. 아주 기쁜 일이 있을 때, 그걸 말할 사람이 없다는 건 좀 쓸쓸해. 어쩌면 인간은 힘든 일보다 기쁜 일을 남과 나누고 싶어 하는지도 몰라."

우리는 왜 '혼자는 외롭다'라고 생각하는 걸까?

인간은 예로부터 공동체 속에서 서로 도우면서 힘든 환경을 극복해 왔기 때문에 혼자가 되는 데 대한 공포감이 뿌리 깊게 각

052

인되어 있어서 외로움을 느낀다는 설도 있다. 동조 압력에 민감하게 반응하면서 '남과 같을 때' 안심하는 현상도 '인간은 혼자서는 살 수 없음'을 DNA 차원에서 알고 있어서일 수도 있다.

그 외에도 개개인이 느끼는 외로움은 '기대'가 있어서 생긴다. '직장에 대화 나눌 사람이 없어도 아무 문제 없다'라고 처음부터 기대를 품지 않으면 쓸쓸할 이유가 없다. '대화 나눌 사람이 없어서 외롭다'라고 느끼는 이유는 과거에 직장이나 학교에서 즐겁게 대화했던 기억, 친근했던 사람 덕에 든든했던 기억을 전제로 깔고 지금도 기대감을 품기 때문이다. 지난 시절, 친구와 함께 기뻐하고 즐거워했던 감각이 남아 있어서라는 말이다.

그런 기대감과 '지금은 연결되고 싶어도 연결될 수 없다'라는 현실의 차이가 외로움으로 나타난 것인데 '외톨이라는 생각에서 벗어나자', '쓸쓸해하면 안 된다'라며 현실을 바꾸려고 안달할 필요까지는 없다. 오히려 외로움이 병이 될 수도 있기 때문이다. **'외로움에는 뾰족한 수가 없다', '혼자라도 그럭저럭 괜찮잖아?'라는 식으로 힘을 빼고 현실을 받아들이는 것부터 시작하자.** 그것만으로도 마음이 편안해질 것이다.

외로움은 아픔을 수반하는 만큼 우리를 성장시키고 소중한 것이 무엇인지를 가르쳐주는 감정이기도 하다. 까닭 없이 싫어하지 말고 친한 친구처럼 여기는 건 어떨까?

18

함께 있어도
외로운 이유

|

외로움은 결핍이라는 생각은
망상이다

사람은 물리적으로 혼자 있을 때뿐만 아니라 누군가와 함께 있어도 외로움을 느끼기 마련이다. '가족인데 왜 마음이 통하지 않을까?', '친구인데 왜 몰라줘?', '연인인데 왜 나를 봐 주지 않아?' 등 오히려 누군가와 함께 있을 때 느끼는 외로움이 가슴을 도려내는 듯한 아픔을 주고, 종국에는 분노와 미움으로 발전하기도 한다.

조금 극단적인 이야기지만, 몇 년 동안 한 집에서 배우자와 별거하던 지인이 있었다. 함께 살면서도 대화가 없는 상황은 견디기 힘든 고통이었을 것이다. 그 지인은 남편 욕을 하다가 결국은 재판까지 가서 서로를 탓하고 이혼했다. 자기 존재를 무시당할 때의 감정은 사람 마음에 가장 큰 상처를 주는 쓸쓸함인지도 모른다.

누군가가 옆에 있으면 '저 사람이 이랬으면 좋겠다'라는 기대감이 생기는 것은 당연한 현상이다. 상대에게 기대가 있는 이상 외로움을 느끼는 것도 당연하다. '더 친해지고 싶은데', '나를 좀 더 인정해 주면 좋겠는데', '좀 더 친절하게 대해주면 좋겠는데'라고 문제를 상대방에게 떠넘기는 한 외롭고 쓸쓸한 마음은 끝없이 지속될 것이다.

상대가 아니라 자신에게 기대하면 그 감정은 눈에 띄게 줄어든다. '그래. 그런 거로구나', '내 기대가 너무 컸구나', '상대에게도 나름의 사정이 있겠지'라는 생각으로 현실을 직시하고 지금 자신이 할 수 있는 일에만 초점을 맞추면 된다.

외로움은 결핍이라는 생각은 망상이다. 마음대로 기대하고, 마음대로 쓸쓸하게 여기는 것이니 심각해지지 않아야 한다. '오늘은 잠깐이나마 얘기를 나눴네', '함께 웃었네', '내 이야기를 털어놓을 수 있어서 좋았어'라고 긍정적인 현실을 보는 것도 성숙한 어른이 외로움을 즐기는 방법이다.

진정으로 자신에게 상처를 주는 것은 상대가 아니라 자기 자신의 망상이며 착각이라는 사실을 알게 되면 외로움의 늪에서 빠져나올 수 있다. 현실을 '결핍된 상태'로 볼지, '충족된 상태'로 볼지는 자신에게 달려 있다.

19

아침이 오면,
밤의 외로움은 사라진다

|

외로움은 영원하지 않으니
안심하고 즐기자

평소에는 거의 느끼지 않다가도 깊은 밤 갑자기 외로움이 엄습할 때가 있다. 외로움은 보통 아침보다는 밤 10시 이후에 불쑥 그 정체를 드러낸다. 친구도 많고 일도 잘하던 한 30대 남성은 어느 날 밤 꾸벅꾸벅 졸다가 문득 '내게는 연인도 없고, 절친한 친구도 없구나. 나는 왜 혼자일까? 이러다가 죽을 때까지 외롭게 살아야 할지도 몰라'라는, 공포에 가까운 외로움에 사로잡혔다고 한다.

나는 **'아침이 오면 밤의 외로움은 사라지니 밤 동안에 심각하게 고민하지 않는 게 좋다'**라고 생각한다. 그리고 아침이 되면 '일할 준비를 하자. 오늘 할 일은 이것과 이것…' 등 눈앞에 닥친 할 일을 정리하고자 몸과 머리를 움직여서 외로움을 까맣게 잊는다. 그럼에도 밤에 긴장이 풀리면 왠지 모르게 마음에 걸렸던

일, 불안한 일들이 떠오르면서 부정적인 감정에 휩쓸리곤 한다.

밤에 고민하면서 쓴 메일이나 편지를 아침에 다시 읽으면 감정적이고 과장된 내용에 창피한 마음이 든 경험은 누구나 해 봤을 것이다. 자기만의 세계에 흠뻑 젖어 있었기에 끝도 없이 망상이 커져서 객관적이고 냉정한 눈으로 볼 수 없어서다.

시야가 좁아졌을 때도 외로움이 엄습하기 쉽다. 예를 들어 직장에서 고립되어 있을 때, 학교에서 괴롭힘을 당할 때, 좁은 인간관계 속에서 궁지에 몰리면 그 상황이 영원히 지속될 것 같은 불안에 휩싸일 수 있다. **하지만 인생의 긴 여정 속에서 보면, 그들은 잠깐 같은 버스를 타고 있는 승객일 뿐이다. 한발 물러서서 둘러보면 전혀 다른 인간관계도 있기에 그 버스에서 내리는 선택도 할 수 있다.**

외로움은 영원하지 않다. 그러니 안심하고 외로움을 직면하자. 힘들면 울어도 된다. 다만 그런 뒤에는 '지금은 외롭다. 하지만 곧 지나갈 거야'라고 마음을 가볍게 먹어야 한다. 외로움을 느껴도 문제없다고 생각해야 그 외로움이 우리를 성장시키고 행복하게 만들 수 있다.

20

마음 맞는
동료가 없는 당신에게

|

마음 맞는 사람이 없다고
사회활동을 멈출 수는 없다

"같은 취미를 즐기는 사람이나 동창생 모임처럼 마음 맞는 동료가 있어서 와자지껄하게 회식도 즐기고 이벤트도 즐기는 사람들을 보면 부러워요. 나에게도 기분 좋게 지낼 수 있는 동료가 있으면 좋겠는데 잘되지 않네요." 자주 듣는 고민 중 하나다.

마음 맞는 동료가 있어서 연락을 주고받고, 모여서 시간을 보낼 수 있다면 틀림없이 즐겁고 든든할 것이다. '모임의 일원'으로 인정받으면 자신감도 생긴다.

그런데 동료는 꼭 있어야 할까?

나는 한때 글쓰기로 성공하겠다는 각오로 도쿄에서 고군분투한 적이 있다. 어느 날, 집 근처 공원으로 혼자 꽃구경을 나갔다. 벚꽃 명소였기에 직장 동료, 친구, 가족 단위의 나들이객이 각자의 모임 안에서 즐거워하고 있었다.

문득 '꽃구경하러 혼자 나온 사람은 나뿐이구나. 나는 회사에도, 가족 사이에도, 동네에도, 친구나 동료들 사이에도 속하지 않았으니 정말 혼자구나'라는 사실을 깨달았다. **그 순간, 내 안에서 한 가지 감정이 솟아올랐다. 외로움이 아니라 나를 짓누르던 힘이 빠져나간 듯한 해방감이었다.** 맥주 심부름도 하지 않아도 되고, 꽃구경할 자리를 맡지 않아도 되고, 남의 눈치 보지 않고 집에 가고 싶을 때 가도 되고, 서두르지 않고 천천히 둘러봐도 되니까 말이다. 나는 혼자서도 무척 행복했고, 입에서는 웃음이 새어 나왔다. 흔히 말하는 '정신 승리'가 아니라 실로 솔직한 심정이었다.

마음 맞는 동료가 없다고 해도 사회 활동에는 아무 지장이 없다. 억지로 사귈 바에는 혼자인 편이 좋다. 자신이 현재 느끼는 외로움이 어쩔 수 없이 감내해야 하는 '소극적인 외로움'이라 해도 자기만의 즐거움과 기쁨을 찾아다니다 보면 그 상황을 즐기는 '적극적인 외로움'으로 바뀔 수도 있다. 자유롭고 솔직하게 행동하면 마음 맞는 사람들이 생기기 마련이다.

요즘은 친구, 동료들과 꽃구경을 갈 때가 있는데, 그건 그것대로 즐겁고 행복하다. 누군가와 함께 있고 싶을 때는 같이 있으면 되고 혼자 있고 싶을 때는 혼자 있으면 된다. 외로움을 각오하면 둘 다 즐길 수 있다.

21

홀로 뒤처진 느낌이
든다는 당신에게

ㅣ

나는 나, 남은 남이니
내가 할 수 있는 일에 전념하자

많은 사람이 홀로 뒤처진 느낌을 받는다. 취업 준비 때는 주
변 사람들은 합격하는데 나만 뒤처지는 것 같고, 회사에 들어가
면 신입 중에서는 나만 성과를 내지 못하는 것 같다. 전업주부는
전업주부대로 사회와의 접점이 없어 자신만 뒤처지는 것 같다고
한탄한다.

나는 서른 살 전후에 뒤처진다는 느낌이 가장 심했다. 동창들
은 잇따라 결혼과 출산 소식을 들려줬고, 그렇지 않은 사람도 직
업적 커리어를 확실히 쌓고 있었다. 그래서 나만 아무것도 제대
로 얻지 못한다고 초조해했다. 마치 모두가 자리 잡고 앉은 버
스에 나만 올라타지 못한 것 같았다. '어? 나만? 나만 부족한 건
가?'라며 외로움과 불안으로 위축됐던 느낌을 지금도 기억한다.

하지만 지금은 안다. '모두가 자리 잡고 앉은 버스'가 얼마나

말도 안 되는 망상인지를. 뒤처진 느낌이라는 것도 그런 생각이 든다는 것이니 그저 큰 착각에 지나지 않는다. 사람은 모두 전혀 다른 삶을 각자의 페이스로 걸어갈 뿐이다.

뒤처진 느낌이 드는 이유는 자신감이 없고 자신이 하고 싶은 일이나 목표가 없기 때문이기도 하지만, 어릴 때부터 남과 비교하고 주위의 평가에 기대어 사는 습관이 들었기 때문은 아닐까?

나의 경우, **뒤처진 느낌이 엄습할 때마다 '나는 나, 남은 남이다. 나도 할 수 있는 일이 있다'라고 자신을 타이르면서 조금씩 변화했다.** 그리고 '남이 어떻게 생각하는지'가 아니라 '내가 어떻게 하고 싶은지'를 선택의 기준으로 삼고, 나 자신에게 도전했다.

뒤처지는 느낌이 들 때는 남을 기준으로 하기에 '나는 모자란 사람'이라는 생각이 머리에서 떠나지 않는 것이다. 가장 먼저, 지금까지 어떻게든 살아남은 자신을 칭찬해 주자. 그리고 자신이 가진 것에 눈을 돌리면 가능성은 커진다. 내가 할 수 있는 일이 아직 있다고 생각할 수 있다.

22

조용한 성격이라
친분을 쌓기 어렵다는 당신에게

|

자기 취향에
솔직해지자

'조용한 성격'이라고 하면 왠지 침울하고, 산뜻하지도 않고 친구가 없다는 인상이 강하다. 그래서 '외롭고 쓸쓸한 사람, 고쳐야 하는 성격' 등 부정적으로 받아들이는 사람이 많다. 자기 성격이 조용다고 생각하는 사람은 남과 친해지는 데 서툴다 보니 늘 소통 능력을 키워야 한다는 압박에 시달리기도 한다.

확실히 사람들과 금세 친해지는 밝은 사람은 매력적이다. 성격이 쾌활하고 인기가 있어서 사랑과 존경을 한 몸에 받는 그들이 한 명의 인간으로서도 뛰어나다고 생각될 수도 있다. 하지만 조용한 성격을 고쳐야 한다는 생각은 큰 착각이다. 세상에는 그저 성격이 활달한 사람과 조용한 사람이 있을 뿐 결코 어느 한쪽이 뛰어나다고 할 수는 없다.

성격이 조용한 사람은 남과의 교류를 피해 혼자 시간을 보낼 때가 많은데, 혼자만의 시간을 즐기는 것뿐이다. **자신이 좋아하는 일에 푹 빠질 수 있다면 그 사람은 침울한 사람이 아니라 오히려 외로움을 잘 즐기는 행복한 사람이다.**

대표적인 예가 '덕후'라고 불리는 사람들이다. 누가 뭐라 하든지 그들이 자기 취향에 집중하는 에너지는 함부로 폄훼하기 어렵다. 나의 지인 중에도 아이돌, 프로레슬링, 역사, 레게에 빠져든 덕후가 여럿 있다. 그들은 취미가 맞는 사람끼리 정보를 교환하고, SNS로 소통한다. 또 그들 주위에는 전문적인 정보를 얻으려는 사람들이 모여들어 자연스러운 연결고리가 형성된다.

성격이 조용한 사람은 소통 능력을 키워서 관계를 넓게 형성하려 하기보다 자기 취향에 솔직해져서 그 취향을 마음껏 즐기는 편이 행복해지는 길이고, 마음 맞는 사람도 찾기 쉽다.

친한 사람이 어디 계획한다고 생기던가? 성격이 조용하면 조용한 대로 취향 맞는 사람끼리 더 편하고 안심할 수 있는 관계를 만들 수 있고, 무리 없이 그 관계를 지속할 수도 있는 것이다.

23

기댈 사람이 없어
외로운 당신에게

|

외로움을 직면할 힘을 키우면
고립을 막을 수 있다

"기댈 사람이 없어서 외로워요"라는 호소를 자주 듣는다. '직장에서 겪는 어려움을 상담할 사람이 없다', '육아를 혼자 도맡고 있는데, 도와주는 사람이 없어 힘들다', '혼자 살다 보니 아플 때 보살펴 줄 사람이 없어 걱정된다', '힘들 때 고민을 상담할 곳이 없다', '가족이 없어 노후에 기댈 데가 없다' 같은 고민도 많이 듣는다.

이런 이야기를 들으면 사람들은 흔히 '만약에 대비해서 의지할 사람을 만들어 둬라', '남에게 더 많이 기대고 의지해라'라고 조언한다. 물론 도와줄 사람이 있다면 든든한 일이다. 하지만 함부로 믿고 기대면 기대와 어긋난 상황에서 심각한 외로움에 빠질 수 있다.

무엇보다 '나에게는 나를 도울 힘이 있음'을 깨달았으면 좋겠

다. 의지할 사람이 없다고 결론을 내리면 외로움, 쓸쓸함, 불안감, 자기 부정 등의 부정적인 감정이 생기기 십상이다. 하지만 그때그때 '내가 해결할 수 있는 일은 내가 한다. 할 수 없는 일은 남에게 맡긴다. 지금은 어떻게 할까?'라는 식으로 현실적으로 대응하라는 말이다.

나의 대만인 은사는 어린아이를 데리고 혼자 일본으로 유학 왔을 때 아는 사람이 전혀 없었다고 한다. 그래서 마을회관 게시판에 베이비시터를 구한다는 벽보를 붙였고, 찾아온 고령의 자원봉사자 여성에게 수년간 신세를 졌다고 한다. 상황을 어떻게든 해결하고 싶다면 '의지할 사람이 없어 외롭다'라는 한탄이나 해서는 안 된다.

나도 책을 쓰는 일과 회사 경영을 혼자 하고 있는데, 힘든 일은 있어도 외로움은 거의 느끼지 않는다. 오히려 편하고 만족스러우며 행복감이 크다. 힘들 때는 누군가에게 "가르쳐 주세요", "도와줘요", "내 얘기 좀 들어줘요"라며 의지하기도 하고 내가 가진 지혜와 아이디어로 해결하기도 한다. 특별히 상담할 곳이 없다 하더라도 **행인에게 길을 묻듯이 이것저것 많이 알 것 같은 사람에게 잠시 속내를 털어놓아도 된다.**

스스로 해결해 보는 방식이 쌓이고 쌓이면 외로움을 직면할 힘이 생기고, 삶의 근력이 된다. 자기 몸과 마음을 지키려면 무엇보다 자신을 의지해야 한다.

24
가까운 사람에게서
외로움을 느끼는 당신에게

|

말하지 않아도
알 거라는 생각은 응석이다

흔히 엄마와 딸은 서로에게 '왜 내 마음을 몰라주냐?'라는 불만을 품고 있다. 내가 취재한 모녀도 그랬다. 딸은 "엄마는 내가 사는 방식을 이해하지 못해요. 열심히 애쓰는 내 마음을 몰라준단 말이에요"라며 울었고, 어머니는 "내 딸이니까, 잘 아니까 반대하는 거죠. 왜 걱정하는 엄마 마음을 모르는지 답답해요!"라고 흥분했다.

엄마로서는 태어날 때부터 봐 왔고, 같이 울고 웃은 시간이 긴만큼 딸의 성격이나 장단점을 다 알고 있다고 생각하는데, 딸에게서 자신을 모른다는 말을 들으면 어처구니가 없을 것이다. 외로움을 넘어서 화가 치밀어 오를 수도 있다. 그런데 딸은 엄마가 자신을 있는 그대로 받아들이지 않는다는 사실을 피부로 느낀다고 한다.

'왜 몰라줘?'라는 원망이 생기는 이유는 상대가 아니라 자신에게 있는 경우가 대부분이다. '부모라면 언젠가 알아주겠지', '자식이라면 부모 마음을 알게 될 거야'라며 상대가 바뀌기를 기대하지만, 그 기대는 종종 무너진다.

결론을 말하자면, 상대에게 기대할 필요도 없고 상대방의 기대에 부응할 필요도 없다. 아무리 가까운 관계라 해도 상대의 마음을 100퍼센트 알 수는 없다.

'우리는 서로 이해할 수 있다'라고 생각하지 말고 '서로 이해하지 못하는 것이 당연하다'라는 전제가 있으면 어깨 위의 무거운 짐을 내려놓을 수 있고, 여유로운 마음으로 상대를 있는 그대로 받아들일 수 있다.

'상사에게 업무가 많다고 눈치를 줬는데도 알아주지 않는다', '남편은 나의 외로운 마음을 몰라준다', '말하지 않아도 알 것이다'라는 생각은 심하게 말하면 응석이다. 상대가 알아주기를 바란다면, 상대가 알 수 있게 입 밖으로 말을 꺼내야 한다.

서로 이해하지 못하는 것이 당연하니 상대의 입장도 되어 보고, 자신이 이해받을 방법을 찾으라는 말이다. 서로 모르기에 가까이 다가가는 것이고, 노력 끝에 조금이라도 이해하게 되면 기쁨을 느끼는 것이다.

이해하지 못하는 것이 당연하다는 생각이야말로 서로를 이해할 수 있는 가장 빠른 길이다.

25

평생 연애도
못 할 것 같다는 당신에게

|

연인이 있고 없고는
행복과 무관하다

일본에서는 지금으로부터 30년 정도 전에 '결혼하지 않을지도 몰라 증후군'이라는 말이 유행했다. 여성 대부분이 결혼과 동시에 퇴직하던 당시, 자기 분야에서 일로 성공하려는 여성들이 조금씩 등장하면서 결혼하지 않을 선택지도 있다는 생각이 세상에 퍼진 것이다. 요즘은 '독신'이 완전히 정착되면서 결혼은커녕 '평생 연애도 못 해 볼 것 같다'라고 생각하는 사람도 급증한 느낌이다.

세상에는 혼자의 쾌적함을 알아서 '혼자라도 아무 문제 없고, 오히려 혼자가 좋다'라며 한 개인으로서의 생애를 설계하고 일과 놀이를 마음껏 즐기는 사람도 많다. 그 반면, 다양한 생활 양식을 선택할 수 있는 시대를 살면서도 '연인도 없어서 외롭다', '이대로 줄곧 혼자 살아갈 수 있을지 불안하다'라며 초조해하는 사람도 적지 않다.

그렇다면 혼자서도 행복할 수 있는 사람과 혼자서는 행복할 수 없는 사람은 무엇이 다를까?

첫 번째 차이점은 현재 상태를 '충분하다'라고 생각하는지 '부족하다'라고 생각하는지다. **혼자서도 행복한 사람은 '지금 여기'에서 즐거움과 기쁨을 찾으려 한다. 이들은 '휴일이 즐겁다', '일이 재미있다'라고 만족감을 느끼며 늘 당당하다.**

이에 비해 혼자서는 행복할 수 없는 사람은 '행복은 가족, 연인이 함께일 때 얻을 수 있다', '혼자서는 살 수 없다'라고 믿는다. 눈앞의 행복을 보지 못하고 결핍감 때문에 어딘가 자신감이 없고 불안하고 불만스러운 것이다.

두 번째 차이점은 자신이 하고 싶은 일에 열중하는지 아닌지다. 혼자서도 행복한 사람은 '자신이 좋아하는 것, 소중하게 여기는 것'이 무엇인지를 알고, 거기에 시간을 들인다. 혼자서는 행복할 수 없는 사람은 남에게 맞추는 경우가 많아 자기감정을 소홀히 한다.

가족을 원하고, 연애도 한 번쯤 해 보고 싶다면 그 방향으로 움직이면 된다. 하지만 '가족, 연인이 없으면 행복할 수 없다'는 생각은 큰 착각이다. 사람과 사람은 다양한 형태로 연결되며 그 속에는 각기 다른 애정과 따뜻함이 있다. '그 어떤 상태도 OK'라는 느긋한 자세로 현재 자신에게 주어진 행복을 바라보면 어떨까?

26

'나는 쓸모없는 사람'이라고
느끼는 당신에게

|

가만히 있으면 아무 일도 일어나지 않으니
바쁘게 움직여야 한다

'아이가 독립하고 나니 맥이 풀린다. 이젠 내가 쓸모없는 사람이 된 것 같다'라는 50~60대 여성의 고민도 많이 듣는다. 한 여성은 딸에게서 "엄마, 그동안 가족을 위해 고생하셨으니까, 앞으로는 엄마 자신을 위해 사세요"라는 말을 들었지만, 하고 싶은 일도 없고 딸에게 버림받은 느낌까지 들어 우울하다고 했다. 자녀가 독립한 뒤, 마음에 구멍이 뻥 뚫린 것 같은 느낌은 받는 현상을 '빈 둥지 증후군'이라고 하는데 육아에 전념한 사람일수록 빠지기 쉽다.

중장년뿐 아니라 젊은이 중에도 '나는 쓸모없는 사람이다'라고 한탄하는 사람이 있다. 그들 대부분은 경제적인 여유, 시간적 여유도 있어서 생활에 어려움이 없는 상태다. 그렇기에 더욱 결핍감을 느끼며 '무엇을 목표로 삼아 살아야 할지' 몰라 힘이 빠진다.

행복은 돈과 시간이 충족될 때뿐 아니라 **꿈을 좇아 고민하고 헤매며 정신없이 사는 상태 속에도 존재한다.** 빈 둥지 증후군에 빠진 사람이 있다면 지금부터라도 어쨌든 움직여 보기를 권한다. 물론 일찍부터 자신의 길을 모색했으면 좋았겠지만 말이다.

남는 시간을 주체하지 못하고 멍하니 있으면 아무 일도 일어나지 않는다. '인생이 딱 1년 남았다면 무엇을 할까?'라고 가정하고 조금이라도 관심이 쏠리는 일의 목록을 만들고 닥치는 대로 도전해 봐도 좋을 것이다. 일단 움직여 보면 '더 깊이 파고들고 싶다', '더 큰 도전을 하고 싶다'라는 생각이 들 수도 있다.

또 하나 추천할 만한 것은 '오지랖'을 부려보라는 것이다. 잼을 잔뜩 만들어 나눠주기, 어르신들이 시장 볼 때 거들어 주기, 공원에 꽃 심기, 초등학생의 등하교 돕기……. 모두 나의 지인들이 하는 일인데 상대가 무척 좋아한다고 한다. 외로움에 빠져 힘들어하던 한 청년은 이재민을 위한 자원봉사에 참여했다가 오히려 자신이 구원받았다는 말을 한 적도 있다.

남이 기뻐하는 일을 내 삶의 보람으로 삼을 수 있다면 그 얼마나 행복한 일인가? 적당히 바쁜 일정 덕에 외로움을 느낄 틈도 없어질 것이다.

27

나이 듦의 쓸쓸함과 불안을 견디기 어렵다는 당신에게

|

주어진 수명에 감사하며
앞으로의 삶을 기대하자

사람이 나이가 들면 쓸쓸함, 허전함, 불안감, 실망감 같은 부정적인 감정을 느끼기 쉽다. 나는 요양시설에 계신 어머니를 만날 때마다 기억이 희미해지고 신체 기능이 쇠퇴하는 모습을 보면서 가슴을 쥐어짜는 듯한 아픔을 느끼곤 했다. 하지만 어머니는 "내 나이가 90세 가까이 됐으니 살아 있는 것만으로도 행운이다. 옛날 사람 같았으면 벌써 죽고 없었을걸"이라며 껄껄 웃었다.

건강할 때보다 많은 것을 잃었다는 생각을 하면 슬프기 그지없었다. 하지만 지금 어머니가 살아계신다는 것을 고맙게 여기자 갑자기 마음이 편해졌다. 그리고 그 어떤 상태에서도 현재의 어머니를 마주 보며 함께 보내는 시간을 소중히 간직하자는 마음이 들었다.

50~60대밖에 되지 않았는데도 '나중에 쓸 돈이 부족하지 않

을지', '병 들지 않을지', '고독사라도 하면 어떡할지' 등 전전긍긍하면서 노후 걱정만 하는 사람이 있다. **걱정하는 시간이 아깝지 않은가? 모든 순간이 소중하니 현재를 즐기지 않는다면 너무나도 아까운 노릇이다.** 그 나이, 그 순간에만 누릴 수 있는 행복이 있으니까 말이다.

인생이라는 나 홀로 여행의 후반부는 보고 듣고 만지는 것들이 전반부에 비해 깊은 맛으로 다가오기에 외로움 속에서 느낄 수 있는 재미도 훨씬 크다고 한다. 몸의 변화, 마음의 변화를 오롯이 받아들이면서 '시간이 더 지나면 어떤 경치가 눈에 들어올지'를 상상해 보는 즐거움도 있을 것이다.

화가 호리 후미코 씨는 49세에 자연 속으로 거처를 옮겼고, 70세 때는 버블 경제의 광란에 흥청망청하는 일본에 염증을 느껴 이탈리아로 이주했다가, 81세 때는 히말라야에 피는 블루 포피를 찾아 여행하는 등 말년을 계속 이동하며 살았다. 83세에 큰 병을 앓은 후 외출이 불가능해지자 '앞으로는 어디서 감동을 찾을지'를 모색한 끝에 현미경으로 본 미생물의 신비를 그리게 되었다고 한다.

그 무렵 호리 씨는 이런 말을 했다.

"앞으로 무엇을 보며 놀라고 열중하게 될까? 내 안에 잠든 나도 모르는 무언가가 싹을 틔울 수 있다고 생각하면 앞으로의 첫 경험이 무척 기대된다."

우리가 몇 살이 되든 자신에게 기대할 일이 남아있음을 가르쳐 주는 말이다. 현재를 즐길 줄 알아야 나중에도 최고의 경치를 볼 수 있지 않을까?

"중요한 건, 자신이 하고 싶은 일이
무엇인지를 아는 거야."

28

외로움에 강한 사람의
세 가지 특징

|

정직, 호기심, 낙관적 시선은
쓸쓸함을 물리친다

외로움이란 혼자 있는지, 다른 사람과 함께 있는지와 관계없이 '나는 혼자다'라고 느끼는 심리 상태를 말한다. 이를 '쓸쓸해서 견딜 수가 없다!'라고 무겁고 비관적으로 받아들이는 사람도 있고, '별일 아니잖아!'라고 가볍게 받아들이는 사람도 있다. 후자는 외로움을 덜 느끼고, 느낀다 해도 손해가 적다. 달리 표현하면 마음의 감기에 걸리지 않을 면역력이 있는 것이다.

이렇게 '외로움에 강한 사람의 세 가지 특징'을 소개한다. 우선 첫 번째는 정직하다는 점이다. '난 이게 좋아', '저걸 원해', '그건 필요 없어'라고 자기감정에 따라 선택하되, 기본적으로 '나는 나, 남은 남'이라고 생각하기에 남과 달라도 신경 쓰지 않아 외로움이 덜하다.

겉으로 좋은 얼굴을 하고 상대방에게 맞추거나 자기 욕구를 참고 상대를 따르다 보면 상대에게 '이렇게 해주면 좋으련만' 하는 기대가 남아서 오히려 외로움에 쉽게 빠지게 된다.

두 번째는 호기심이 많다는 점이다. '설렌다', '재미있다', '궁금하다', '보고 싶다', '해 보고 싶다'라는 생각으로 늘 흥미를 느끼는 일에 열중하므로 외로움을 느낄 틈이 없다. **설령 '오늘은 좀 외롭네'라는 생각이 들어도 다음날에는 즐거운 일을 찾아내기에 기분 전환의 속도가 빠르다.** 이에 반해 호기심이 부족한 사람은 '뭐 즐거운 일 없나?', '따분해' 같은 말만 반복하며 수동적으로 살기에 마음에 구멍이 뻥 뚫린 것 같은 상태에 빠지기 쉽다.

세 번째는 낙관적 시선이다. 뜻대로 되지 않아도 '그래. 그럴 수 있지'라고 생각하고, 상대가 기대에 부응해 주지 않아도 '할 수 없네'라고 수월하게 넘기는 사람은 현실을 밝고 긍정적으로 받아들이기에 고민이 적다. 반대로 비관적인 시선으로 보는 사람은 '저런 건 싫어', '저 사람 너무해'라고 집착하는 탓에 결핍감으로 인한 외로움이 쌓이게 된다.

정직, 호기심, 낙관적 시선. 이 세 가지를 의식하기만 해도 외로움에 빠질 일이 극적으로 줄어들 뿐 아니라 열이면 열 '행복 체질'로 변하게 된다.

29

당신의 인생은
절대 잘못되지 않았다

|

멋진 가족, 유쾌한 동료에 관한
환상은 버리자

한 40대 여성으로부터 외로움이 짙게 밴 메시지를 받았다.

"친구들은 모두 결혼하고 저만 혼자 남았습니다. 생일을 시끌벅적하게 함께 보낼 동료도 없습니다. 제 인생이 어디서부터 잘못됐는지 생각하다 보면 슬퍼집니다."

나의 대답은 "당신의 인생은 절대 잘못되지 않았습니다"였다. 인생에는 정해진 답이 없기 때문이다.

그녀의 외로움은 틀에 박힌 '행복한 삶', 이상 속에 존재할 법한 '멋진 가족' 또는 '유쾌한 동료'라는 환상에 기인한다는 생각이 든다. '결혼하면 행복해질 수 있다', '생일에는 동료들과 시끌벅적하게 시간을 보내야 한다'라는 전형적인 환상에 집착하며 '외로운 자신'을 계속 부정하기 때문이라는 말이다. 혼자는 쓸쓸하니 혼자 있어서는 안 된다는 착각도 있을 것이다.

하지만 본래 사람은 외로운 게 당연하다. 외로움을 흔쾌히 받아들인다는 것은 성숙한 어른이라는 증거다. 남에게 무턱대고 기대지 않고 '나는 나'라는 생각으로 혼자서도 당당하게 서는 모습은 참으로 멋지다.

결혼한 사람은 한 사람대로 불만이 있다. '남편(아내)과 취미가 맞지 않고 휴일도 따로 보낸다', '배우자가 내 이야기를 들어주지 않는다'라는 종류의 외로움도 이상적인 부부상에 너무 얽매여 있기 때문이다.

기대가 크면 실망도 큰 법이다. '서로 하고 싶은 대로 하는 이 상태가 행복하니 우리는 문제없다', '대화는 적지만, 서로 귀찮을 일이 없어서 이것도 좋다'라고 현실을 긍정적으로 보고 자신들만의 편안한 관계를 만들어 나가면 좋을 것이다.

외로움의 이미지를 긍정적으로 바꾸고 '자신이 원하는 자기 모습'을 다시 설정해 보면 어떨까? 자신의 가능성을 여러 방향으로 넓혀보라는 것이다.

언젠가 한 50대 여배우가 "저는 생일은 혼자 보내요"라고 인터뷰하는 장면을 보면서 '저런 외로움도 멋지구나' 하는 생각을 한 적이 있다. 그렇게 아름답고 멋진 외로움을 본보기로 삼아 자신의 새로운 모습을 만들어 가는 것도 좋을 것이다.

30

완전한 고독을
바라지 마라

|

함께 있으려는 마음,
혼자 있으려는 마음이 모두 본능이다

누군가와 함께 있고 싶은 마음은 본능이다. 그런데 인간의 마음속에는 혼자 있고 싶은 마음도 본능으로서 존재한다. 아무리 마음 맞는 친구, 좋아하는 가족이라고 해도 하루 종일, 또는 며칠을 함께 붙어 있으면 피곤할 수밖에 없다. '가끔은 혼자서 편안한 시간을 보내고 싶다'라는 생각이 드는 것이 자연스럽다.

누군가와 함께 있으면 어떤 식으로든 상대의 기대에 부응하려 애쓰기 마련이지만, 혼자 있으면 몸과 마음이 모두 자유를 얻을 수 있다. 그런데 사회생활을 하는 이상 '완전한 고독'은 있을 수 없다. 우리는 '누군가와 함께 있는 나'와 '혼자인 나' 사이를 오가며 살아간다.

균형이 중요하다. 육아나 간병에 지친 사람들은 '가끔은 혼자 차 한 잔 마시고 싶다'라고 바란다. 코로나 때 원격 근무로 계속 집에서 혼자 지내던 사람들은 '가끔은 누군가와 대화하고 싶다'라고 생각했다.

혼자 있고 싶을 때는 혼자 있으면 되고, 누군가와 함께 있고 싶을 때는 함께 있으면 된다. **자기감정에 따라 적당히 혼자도 됐다가 적당히 함께 있기도 하면 된다.**

문제는 '다들 그렇게 하니까', '혼자는 창피하니까' 같은 자신을 구속하는 행위다. 직장에서 점심시간에도 혼자 먹고 싶을 때는 그렇게 하면 된다.

언젠가 "아리카와 씨는 고고한 사람이군요"라는 말을 듣고 깜짝 놀란 적이 있었다. 하기야 주위에서 보면 그 어디에도 속하지 않고 혼자 여행하듯 긴장하지 않고 살았으니 고고하게 보였을 수도 있다. 그러나 매우 많은 사람에게 신세를 지며 살았고, 일할 때나 놀 때 남들과 함께 하고 싶은 욕구도 있었으니 홀로 분투하며 고고하게 살았던 삶은 아니다.

나는 혼자 있든 함께 있든 자기 시간을 즐길 수 있는 사람이 늘 부러웠다. 그런데 나이가 들수록 혼자만의 시간이 많아지니 다행인 일이다. 나 자신에게 중심축을 두었기 때문인지도 모른다.

그런데 생각해 보면, 앞일은 장담할 수 없는 법이니 언젠가는 누군가와 함께 있기를 바랄 가능성도 있다.

'적당히 혼자, 적당히 함께'의 균형은 자연스러운 흐름에 맡겨도 좋지 않을까?

31

외로운 어린 시절
때문일 수도 있다

|

그때의 쓸쓸했던 기억을
바꿔 주자

꽤 오래전, 나는 일을 하든 연애를 하든 '좋은 사람'이라는 평가를 받으려 기를 쓴 적이 있었다. 하지만 그런 행동은 나를 쉽게 지치게 했고, 결국에는 나 자신을 잃어간다는 사실을 나중에서야 깨달았다.

일을 하면서 상대를 우선시할 때는 '나는 상대를 배려하는 성격이니까'라는 이유를 붙였고, 연인과 헤어지기 싫을 때는 '내 애정이 깊기 때문'이라고 해석했다. 그런 나에게 심리치료사로 일하던 친구가 이렇게 물었다.

"어렸을 때 많이 외로웠니?"

그러고 보니 머리를 스치는 장면이 있었다. 부모님이 맞벌이였기에 집에 아무도 없을 때가 많았다. 나는 어두운 공원에서 홀로 홀쩍거리며 모래놀이나 하곤 했다.

그 순간, 어린 시절로 돌아간 것처럼 가슴이 저리기 시작했고 나도 모르게 펑펑 눈물을 쏟았다. 친구는 마치 어린아이에게 말을 걸듯 부드럽게 속삭였다.

"심호흡을 크게 하고 몸의 긴장을 풀어 봐. 외로웠구나. **하지만 이제 괜찮아. 넌 어른이잖아. 혼자서도 살아갈 수 있고, 스스로 자신을 행복하게 할 수 있어.**"

그 이후로는 가을바람처럼 차가운 쓸쓸함이 느껴질 때마다 친구의 말을 되뇌었다. 그랬더니 내 어린 시절이 통째로 외로웠다는 기억은 망상일 뿐, 사실은 사랑받은 기억도 많음을 깨달을 수 있었다. 좋은 사람이 아니어도 상관없으며, 나는 나 자신으로서 있는 그대로 충분하다는 생각이 들었다. 지쳐 나가떨어질 만큼 신경 쓸 일들이 금세 사라졌고, 내 기분을 최우선시하게 되었다.

아이들이 처음 어린이집에 갈 때, 대개는 "엄마(아빠)랑 헤어지기 싫어. 혼자는 무서워. 불안해"라고 울부짖는다. 그러다가 익숙해지면 엄마 아빠 없이도 재미있게 놀 수 있다는 것을 알고 "안녕!"을 외치며 자기 발로 뛰어 들어간다.

직장에서 지적받은 일에 깊은 상처를 입거나, 하고 싶은 말을 못 하거나, 연인 또는 친구와 떨어져 있을 때 참을 수 없이 외롭다면 어린 시절의 외로운 기억이 몸과 마음에 남아 있어서 그런지도 모른다. 심호흡부터 크게 한 뒤, "이제 괜찮아"라고 부드럽게 달래주자. 우리는 스스로 나 자신을 행복하게 만들 수 있다.

32

외로울 때 시간 보내는 법 ①

왜 외로운지
자문해 보자

|

외로운 순간이야말로
속마음을 들여다볼 기회다

밤늦게 왠지 외롭다고 느낄 때, 가족과 감정 다툼이 생길 때, 직장에서 인정받지 못해 침울할 때 등 외로움이 사무칠 때는 자신이 시간을 어떻게 보내는지 살펴보기를 바란다. 외로움을 잊으려고 술을 마시거나, 기분 전환을 위해 쇼핑을 하거나, 폭식하거나, 누군가에게 푸념을 늘어놓지는 않는가?

그런데 '더 이상 견딜 수 없다!'라는 심각한 수준이 아니라면, 외로움을 외면하지 말고 '왜 그렇게 외로운지'를 차분하게 따져 보면 좋겠다.

외로움은 자신에게 털어놓을 수밖에 없다. '또 하나의 나'에게 상담하면서 외로움의 이면에 숨은 속마음을 들여다볼 기회로 생각하면 된다. 객관적으로 자신에 대해 깊이 있게 이해할 수 있고 자신을 행복하게 만들 힌트를 찾을 수 있을 것이다.

외롭다고 느끼는 이유는 자신의 기대와 현실 사이에 간극이 있기 때문이다. 일단 "왜 외롭니?"라는 질문을 던져보면 "솔직한 심정을 말해 봐. 어떻게 하고 싶어?", "지금 부족한 건 뭐지?", "잠깐, 정말 부족한 게 맞아?", "내가 가진 게 없나?", "지금 할 수 있는 일이 없어?"라는 문답이 이어진다.

그러다 보면 "맞아. 대화가 없으면 외롭지", "가끔은 나약한 소리도 할 수 있어", "남의 말은 신경 쓰지 않아도 돼" 같은 온갖 생각이 들 것이다.

막연히 떠오르는 내용을 노트 등에 적어 보는 것도 좋다. 이때 주의할 점은 절대 자신이나 남을 탓하지 말라는 것이다. 해결하려고 해서도 안 된다. 해결하려고 하면 스트레스는 더 심해지고 머리가 꼬이게 된다.

"외로운데도 애 많이 썼다!"라고 자신의 노고를 위로하며 자신의 속마음을 알아내고 나면, 어떻게 하고 싶은지도 조금씩 보일 것이다.

외로움을 회피하려 하지 말고 자기 마음을 객관적으로 들여다보자. "그래, 외롭구나", "불안하겠지"라고 알아주기만 해도 외롭다는 느낌을 완화할 수 있다.

외로울 때 시간 보내는 법 ②

혼자 즐길 거리를
더 많이 만들자

|

현재를 진지하세 마수할 때
외로움은 사라진다

'내가 외로운 이유를 알지만, 어찌할 도리가 없어', '실연 탓에 마음에 구멍이 뚫린 것 같아' 하는 생각이 들 때 시간까지 남아 돌면 평소에는 느끼지 못하던 부정적인 생각이 꼬리에 꼬리를 물기 마련이다. 이 상태를 방치하면 자기 부정이나 후회 등으로 상처만 깊어질 수 있다.

이럴 때는 혼자 열중할 수 있는 일, 힐링할 수 있는 일을 하면서 외로움과 친해지는 건 어떨까?

예를 들어 다양한 신체 활동, 흙장난 같은 자연물 만지기, 목표를 세우고 무언가 배우기, 새로운 요리에 도전하기, 천천히 목욕하기, 푹 자기, 방을 다시 꾸미거나 청소하기, 마음 내키는 대로 혼자 여행하기, 산책하기 등 자신에게 맞는 행동 목록을 몇 가지 가지고 있으면 좋다.

나는 음악, 영화, 독서 등 엔터테인먼트 관련 콘텐츠에 푹 빠져볼 것을 권한다. 영화나 드라마는 밝고 활기찬 내용보다 쓸쓸한 마음을 보듬어 주는 내용이 좋다. 얼마 전, 주인공에게 죽은 사람과 딱 한 번 만날 기회가 주어지는 내용의 영화를 보고 펑펑 운 적이 있다. 눈물을 흘리고 나니 왠지 속이 후련하게 씻겨나간 듯한 느낌이 들었다. 가슴속 깊이 앓고 있던 감정이 치유된 건지도 모르겠다.

독서도 외로운 내 마음을 다독여 주는 최고의 친구다. 그때그때 기분에 따라 소설, 수필, 비즈니스 책, 사진집 등을 훑어보기도 하고 차분히 읽기도 한다. 저자와 대화하는 기분으로 읽다 보면 새로운 시각과 사고방식이 내 안에 생기고, '나의 외로움은 큰 고민거리가 아닐 수도 있다', '내일은 내일의 해가 뜨겠지'라는 생각이 든다.

하고 싶은 일을 마음껏 할 수 있다는 점이야말로 혼자의 특권이다. 자신만의 즐거움을 누리면서 '현재'를 진지하게 마주할 때, 외로움에 익숙해질 수 있다.

외로울 때 시간 보내는 법 ③

너무 외로울 때는
잡담만 해도 편안해진다

외로움을 잘 살아내는 사람에게도
위로는 필요하다

부모님 간병을 위해 일을 그만둔 친구가 "나약한 소리는 하면 안 된다는 거 아는데, 가끔은 참을 수 없이 외로울 때가 있어"라고 말한 적이 있다. 나는 "멀리 있으니 도와줄 수는 없지만, 이야기는 들어 줄게. 뭐든 말해 봐"라고 답했다.

친구는 자신의 외로움은 조금밖에 말하지 않고, 온갖 잡담을 잔뜩 늘어놓았다. 그런데도 "이제 좀 가라앉았다. 다시 힘낼게"라고 말했다. **정말 힘들 때는 누군가가 자기 이야기를 들어준다는 사실만으로도 큰 도움을 받을 수 있다.**

언젠가 공원에 나갔는데, 낯선 할아버지가 말을 걸더니 몇 년 전 아내가 먼저 세상을 떠났다고 이야기했다. 아마도 그 분 마음에 누군가와 이야기를 나누고 싶은 욕구가 굉장히 강했나 보다.

할아버지는 "너무너무 외로워서 '이대로 죽어 버릴까?' 하는 생각도 했는데, 좀 나아졌네. 내 얘기를 들어줘서 고마워요. 사람 하나 살리셨어" 하면서 농담처럼 웃었지만, 그게 어디 농담이었을까⋯⋯. 가끔 그 할아버지를 떠올리며 건강하기를 기도한다. '너무너무 외로워서'라는 말이 마음 깊이 파고들었던 것 같다.

자기 역할을 다하며 외로움을 잘 살아내는 여러분에게도 위로와 격려는 필요하다. 누군가에게 여러분의 이야기를 털어놓기만 해도 나라는 존재를 인정받은 느낌, 수용 받는 느낌이 들어서 위로를 얻을 수 있을 것이다. 조언이나 해결책 따위는 없어도 된다.

응급처치로는 SNS상에서 대화를 주고받거나, 유료 전화 상담을 이용하거나, 그 외에 온갖 현대적 수단과 도구를 이용해 타인과 연결하는 방법이 있겠다. 낯선 상대라서 더 편하게 이야기할 수 있을지도 모른다. 단, 외로운 사람을 상대로 상냥하게 이야기를 들어주다가 무언가를 훔쳐 가는 사기꾼도 만날 수 있으니 조심해야 한다.

우리는 주변에 외로움의 수렁에 빠진 사람이 없는지 살펴보고, 서로 말을 걸고, 쓸데없는 수다를 떨 필요가 있다. 인간관계가 소원한 현대에는 정말 필요한 일이라고 생각한다. 외로울 때는 '외롭다', '힘들다', '지쳤다'라고 말해도 된다.

억지로 버티지 말고, 창피해하지 말고, 주저하지 말고 사람들과 어울릴 용기를 가지자.

35

외로울 때 시간 보내는 법 ④

새로운 일상을 찾아
조금씩 익숙해지자

|

이별 후의 외로움에는
시간이 약이다

부모님이나 배우자 등 가까운 사람이 사망하면 처음 반년에서 1년 정도는 자꾸 떠오르고 상실감도 느껴지기 마련이다. 어떤 관계든 기존의 연결이 사라지면 자신의 일부를 잃는 기분이 들기 쉽다.

그럴 때는 마음껏 울어도 되고 추억에 젖어도 된다. 슬프고 외로운 느낌은 이전에 소중한 무언가를 간직했다는 의미이기도 하다. '상실'이 아니라 '간직했음'으로 무게중심을 옮기면 외로움을 감사함으로 바꿀 수 있을 것이다.

이럴 때는 시간이 약이다. 1년만 지나면 외로움도 가라앉고 그 사람 없는 일상에 익숙해진다. 그리고 새로운 연결고리도 생기고 현실 세계를 우선시하게 된다. 박정하다고 여길 것 없다. 그것이 자연스럽고 바람직한 모습이니까 말이다. 언제까지나 과거의 환상에 사로잡혀 눈물 흘리며 살아서는 안 된다.

최근 몇 년 사이에 남편과 사별한 친구가 몇 명 있었다. 흥미롭게도 그녀들은 모두 1년 정도 지나서야 집을 리모델링하거나 다시 지었다.

"혼자서도 쾌적하게 살 수 있도록 내 이상형에 가까운 집으로 바꿨어. 가까운 사람들이 모일 수 있게 바비큐 공간과 헬스 기구도 완비했단다"라고 자랑한 친구도 있었다.

소중한 사람과의 일상이 사라져도 새로운 일상을 적극적으로 찾아내면 과거의 일은 좋은 추억으로 소화할 수 있다. 친구는 이런 말도 했다.

"남편이 살아있을 때는 귀찮을 때도 있었는데 지금은 좋은 기억만 남아 있어. 왠지 항상 함께 있는 것 같아."

상실감은 있어도 외롭지 않은 이유는 혼자서도 어떻게든 살아갈 자신이 있어서다. 반대로 생활면이나 정신면에서 상대에게 많이 의지하던 사람은 깊은 외로움과 불안감을 겪을 수 있다.

배우자와 사별하면 여성은 건강해지고 남성은 기력을 잃는다는 말이 있다. 강한 것 같아도 알고 보면 어리광쟁이인 남성일수록 약한지도 모른다. 감사하는 마음으로 시간을 약으로 삼아 새로운 일상을 찾아야 한다. 그래야 외로움을 치유하고 현재를 살 수 있다.

36

관계를 의식하면
외롭지 않다

|

눈에 보이지 않아도
많은 것을 주는 관계가 있다

내가 현재 큰 외로움을 느끼지 못하는 이유는 내가 강한 사람이라서도, 타인에게 아무 기대가 없어서도 아니다.

첫 번째 이유는 늘 '혼자지만 혼자가 아니다'라고 생각하기 때문인 것 같다. 눈에 보이지 않아도 사실은 방대한 연결고리가 있어서 많은 영향을 주고받는다고 생각하는 것이다.

비유하자면 나무가 오롯이 자기 힘으로만 서 있는 것처럼 보이더라도 태양, 물, 동식물 등 지구상의 여러 생명체가 서로 연관되어 하나의 생명을 만들어 주고 있는 것처럼 말이다. 추위, 바람, 천적 등의 부정적인 요인도 나무를 탄탄하게 키워준다.

내가 어렸을 때, 아버지는 불단을 향해 합장할 때 늘 이렇게 말씀하셨다.

"조상님 중 한 사람만 없었어도 우리는 이 자리에 없어. 모두가 열심히 산 덕분에 우리도 살아있는 거야. 그러니까 우리 목숨은 나 하나만의 목숨이 아니야. 똑바로 살아야 하는 거다."

가끔 그 말을 떠올릴 때마다 따뜻한 무언가가 나를 지켜주는 듯한 느낌이 들어 든든하다. 또 내가 존경하는 분에게 이런 말을 들은 적도 있다.

"밝은 전등 밑에서 책을 읽을 수 있는 것도, 평화로운 환경에서 살 수 있는 것도 먼저 살고 간 누군가의 덕이야. 나도 이 세상을 조금이나마 좋게 바꿀 수 있다면 행복하겠어."

지금 우리의 삶은 과거에 살았던 누군가, 동시대를 살아가는 누군가의 덕에 이어지고 있다. 삶은 완벽한 상태로 우리에게 주어진다.

'나도 누군가에게 힘이 될 수 있지 않을까? 누군가를 웃게 할 수 있지 않을까?'라고 타인에게 베풀 생각을 하면 쓸쓸함 따위는 날아가 버릴 것이다.

우리보다 먼저 살고 간 이들과 주위 사람들에게 고마워하기, 작더라도 내가 할 수 있는 일 찾기를 습관화해 보자. 조금 외롭더라도 '혼자이되 혼자가 아님'을 실감할 수 있을 테니 말이다.

외로움을 즐기면
자유가 된다

혼자야말로 자유롭고 행복한 삶의 방식이다

37

나만의 즐거움과 기쁨을
쉽게 찾을 수 있다

|

답은 언제나 밖이 아니라
자기 안에 있다

많은 사람이 '외로움은 비참하고 쓸쓸한 것'이라고 치부하며 외로움을 피하려 한다. 그러나 사실은 외로워야 행복할 수 있다. 아니, 뒤집어 말해 **행복하고 싶은 열망이 진지하다면 외로워져야 한다.** 혼자 있든, 가족이나 친구와 함께 있든 상관없이 말이다.

3장에서는 고독하게 사는 사람에게 주어지는 '선물'에 대해 알아본다. 뭐니 뭐니해도 가장 큰 선물은 자유로워진다는 것이다. 이들은 기본적으로 '나는 나, 남은 남'이라고 생각하기 때문에 하고 싶은 일, 원하는 바를 자유롭게 생각하고 자유롭게 움직인다. 그래서 자신의 즐거움, 기쁨을 쉽게 찾아낸다.

혼자를 원치 않는 사람은 남과 어울리거나 동조해야만 안심할 수 있기에 늘 외부에서 답을 구한다. 일, 놀이, 생활 방식을 모두 자신이 '어떻게 하고 싶은지'가 아니라 남들이 '어떻게 생각하는지'를 기준으로 선택한다. 즐거운 것보다 옳은 것, 재미있는 것보다 편하고 실패하지 않는 것을 우선시하는 것이다.

비유하자면 고독한 사람은 나 홀로 여행, 고독을 피하는 사람은 패키지여행을 고르는 셈이다. 나 홀로 여행은 귀찮을 수는 있어도 '역사를 좋아하니 오래된 건축물을 탐방하자'라는 식으로 무엇이든 스스로 결정할 수 있다. 반면 패키지여행은 편한 대신 목적지를 타인에게 맡겼기 때문에 '선물 가게에 가고 싶지 않아도' 따르지 않을 수가 없다.

나는 외로움을 적극적으로 받아들이는 사람으로 이상적인 인물상은 '무민 세계의 창조자', 토베 얀손 작가의 《무민 골짜기의 여름》에 등장하는 스너프킨이라고 본다. 스너프킨은 고독과 자유를 사랑하는 나그네로서 마음 가는 대로 떠돌아다니는데 남에게 얽매이기를 싫어한다. 나는 스너프킨의 대사 중 "중요한 건, 자신이 하고 싶은 일이 무엇인지를 아는 거야"라는 말을 가장 좋아한다.

이거야말로 우리 삶의 이정표다. 답은 항상 자기 안에 있다. 외로움을 살아내는 사람은 자기 마음이 원하는 바를 끝까지 추구하며 그 안에서 즐거움을 찾아낸다.

38

온화한 마음으로
'지금, 여기'를 마주한다

긴장을 풀고 현재에 집중하는 상태는
무아의 경지다

고독하게 사는 사람에게 주어지는 두 번째 선물은 온화한 마음으로 '지금, 여기'를 마주할 수 있다는 것이다.

다 함께 왁자지껄하게 즐기고 남의 칭찬을 열망하는 사람, '여러 사람 속의 나'를 중시하는 사람은 늘 그 자리에 동화되기 바쁘고, 머릿속이 술렁거리는 잡음으로 가득 차 있다. 혼자 있을 때도 '그 사람은 왜 그런 식으로 말하지?', '나를 우습게 보지 않았을까?' 등 '지금, 여기'에 없는 것을 생각하는 데 엄청난 시간을 쓴다.

이런 사람들은 외로움을 피하려고 누군가를 늘 찾아다니는데, 주위 반응에 일희일비하다 보니 오히려 더 외로워지기도 한다. 생각이 너무 많아 바쁘기도 너무 바쁘다.

고독하게 사는 사람은 누군가와 함께하는 즐거움과 든든함도 알지만, 기본은 '혼자'이기에 함부로 타인에게 매달리지 않는다. **그 누구에게도 방해받지 않는 시간을 소중히 여기고, 온화한 마음으로 '지금, 여기'를 즐기는 것이다.**

나 홀로 캠핑, 1인 노래방, 1인 고깃집 등은 사람에 지친 현대인의 마음을 보여준다. 혼자일 때는 옆 사람에게 신경 쓰지 않고 자신이 하는 일에만 온전히 몰두할 수 있다. 혼자의 편안함에 빠질 수 있다.

일할 때나 일상에서도 '지금, 여기'를 마음에 새기고 즐길 수 있다. 나는 서재에 하이쿠 시인 다네다 산토카의 시구 '물소리……, 오늘도 홀로 떠난다'를 걸어 두었다. 앞날에 대한 걱정과 지난날에 대한 후회, 남의 일 등 온갖 시끄러운 잡음에 귀를 막고 편안한 마음으로 눈앞의 일에 집중하다 보면, 시인이 조용한 물소리를 알아차렸듯 즐거움과 기쁨, 감동, 깨달음에 다가갈 수 있을 것이다.

현대인은 할 일도 많고 일어나기도 전인 미래 일에 온 생각이 쏠리기 쉽다. 일할 때는 일을 즐기고, 음식 할 때는 요리에 집중하는 등 매 순간, 하루하루를 깊이 있게 맛보려고 노력한다면 손쉽게 행복을 얻을 수 있지 않을까?

39

주체적으로 결정하기에
스트레스가 적다

|

'내 선택'이라 생각하면
스트레스가 두렵지 않다

나는 한때 의류 가게 점장으로 일했는데, 찍어 누르는 상사와 치밀고 올라오는 부하 직원들 사이에 끼어 마음고생이 심했다. 게다가 업무 환경까지 열악해서 날마다 밤늦게까지 일해야 했다. 점장으로 일하던 다른 동기들도 대부분 몸과 마음이 지쳐 그만두는 상황이었다. 결정권은 없는데 책임은 무거웠고, 위아래의 압박에 도망갈 곳도 없는 '중간 관리직의 외로움'을 견디지 못한 것이다.

누구나 '힘들어도 따르라'라는 통제에 지속해서 시달리면 스트레스로 피폐해지기 마련이다. 나도 너무 힘들었기에 아예 작정하고 '난 언제든지 그만둘 수 있다'라고 마음을 바꾸어 먹기로 했다. 그랬더니 '나는 내 목적을 위해 여기 있다. 이 일을 내팽개치지 않는 것은 나 자신을 위해서다', '이왕 하는 일, 일본 최고의 점장이 되겠다'라는 마음이 들었다.

'이 모두는 내가 선택한 일'이라고 주체적으로 생각한다. 그러면 도망갈 데가 없다는 건 망상이며, 아무도 나를 구속하지 않았고, 지배하지도 않는다는 사실을 알 수 있다.

같은 행동이라도 다른 사람의 강요에 따를 때는 불쾌한 스트레스를 받지만, '그래, 해 보자'라고 스스로 결정했을 때는 기분 좋은 스트레스가 생긴다. 혼자이면서도 일 잘하는 사람이 나약한 소리 하지 않고 오히려 즐겁게 임할 수 있는 이유는 스스로 정한 목표와 책임감이 있기 때문일 것이다.

혼자서도 행복한 사람은 늘 '주체적'으로 생각하고 움직인다. 그리고 조직의 목적과 자신의 목적을 분리하고, 자신에게 맞는 방법을 생각한다. 주위의 의견이나 회사의 지시를 무조건 받아들이는 것이 아니라 '그거 이상하지 않나?', '다른 방법이 있을 것 같은데?'라며 자신을 중심축으로 삼아 문제를 대하기에 오히려 신뢰를 얻는 것이다.

나는 온종일 하고 싶은 일만 하기로 결심하고 산다. 물론 사회생활을 하는 이상 남에게 맞추기도 하고 그들의 의견에 따를 수도 있지만, '내가 그렇게 하고 싶어서 하는 것'이라고 수긍하면 별로 스트레스가 생기지 않는다.

혼자서도 행복하고 싶은 사람은 자기 목적을 갖고, 주체적으로 선택해야 한다.

40

누군가를 있는 그대로 받아들일 배포가 생긴다

|

여유 있는 사람만이
남을 기다려 줄 수 있다

자신만의 삶의 방식이 있는 사람은 주위 상황이 어떠하더라도 "아, 그래요?" 하는 정도로 조용히 받아들인다.

30년 넘게 남편과 떨어져 사는 지인이 있다. 자녀가 어릴 때부터 남편은 혼자 다른 지역에서 일했기에 육아도 거의 혼자 도맡았다. 시간이 흘러 자녀는 독립했다. 그런데 정년 후에 함께 살 예정이었던 남편은 낚시 삼매경에 빠져 낙도로 이사가 버렸다.

지인은 "다들 희한한 가족이라고 생각하겠지. 그런데 이게 우리 스타일이야"라고 말했다. 지인 부부는 자신들만의 삶의 방식이 확실했다. "아이를 키울 때는 육아가 생활의 중심이었어. 학부모회 임원을 맡거나 아이의 동아리 활동을 응원하는 게 즐거웠지!"라고 말하는 지인은 지난날에 대한 후회가 없었다.

그녀도 외로움을 느끼기는 했겠지만, 자기 안에서 해결해 온

모습이 얼마나 훌륭하게 보였는지 모른다. 그 지인은 지금 부모님을 돌보면서 기부를 목적으로 한 가게를 운영 중이다. 그녀는 자신의 우선순위를 알기에 흔들림 없이 자기 두 발로 서 있을 수 있는 것이다. 상대에게 기대가 없는 것은 아니지만, 그것을 강요하지 않고 현실은 현실로서 부드럽고 솔직하게 받아들이는 배포가 있다.

상대의 형편에 맞춰 기다려 줄 수 있는 이유는 여유가 있어서다. 기다리는 시간을 상대에게 지배받는 시간으로 만들지 않고 '그래. 나는 나대로 즐거우니까 OK', '온갖 상상 속에서 기다리는 일도 즐거워'라는 생각으로 그 시간을 자기 시간으로 바꿀 수 있기에 평온한 것이다.

외로움을 적극적으로 받아들이지 못하는 사람은 '왜 나를 혼자 두지?', '왜 사랑해 주지 않을까?', '왜 아껴 주지 않는 거야?' 하는 생각에 온통 정신이 팔려 버린다. 파탄에 이르는 원인의 대부분은 멋대로 비관적인 망상을 하다가 자멸해 버리기 때문이다. 물론 전부 상대에게 맞추라는 말은 아니다. 의견이 대립할 때는 타협하려는 노력이 필요하다. 상대와 자기 자신을 모두 존중하기 위해서다.

외로움을 각오해야 누군가를 있는 그대로 받아들일 배포가 생긴다.

41

솔직하게 살기에
장점이 많다

사람의 단단함과 부드러움은 모두
'지금 이대로의 내가 좋다'라는 자신감에서 나온다

'사람은 누구나 혼자다!'라고 외로움을 적극적으로 수용한 이후, 가장 좋았던 점은 아무것도 따지지 않고 솔직하게 살게 되었다는 점이다. 그전에는 주위에 녹아들기 위해 나를 드러내지 않으려고 했는데, 이제는 나 자신을 있는 모습 그대로 드러내게 되었기에 주위를 대하는 방식이 180도 바뀐 것이다.

주위 사람들에게 맞추던 시절에는 나 자신에게 거짓말을 많이 했다. 가기 싫은 회식 자리에도 참석했고, 싫은데도 괜찮다고 했고, 웃는 얼굴로 듣기 좋은 소리를 했다.

속으로는 '상대를 아껴 주려고'라고 변명했지만, 사실은 '미움받고 싶지 않아서', '쓸모없는 사람이라는 소리를 듣고 싶지 않아서'라는 마음이 있었다.

그러다 보니 당연히 참아야 했고, 하기 싫은 일을 억지로 하면서 마음이 힘들어졌다. 상대가 원망스럽기도 했다. 결국 감정을 드러내지 않으려 했고 점점 얼굴에서 표정도 사라졌다. 그런데 '남들은 나를 신경 쓰지 않는다, 내 마음 가는 대로 하자. 나를 미워해도 어쩔 수 없다'라고 마음을 바꿔 먹고 나니, 나를 드러내는 데 대한 두려움이 점차 줄어들었다.

나는 이제 모르는 것은 '모른다'라고 말한다. 하기 싫은 일은 거절한다. 호불호도 솔직하게 드러낸다. 이렇게 자연스러운 상태로 살다 보니 깨달은 점이 있다.

일단, **솔직하게 살아도 아무도 나를 미워하지 않는다는 점이다.** 오히려 겉과 속이 다르지 않고, 마음을 열고 남을 대하기에 신뢰도 얻고 가까워질 수도 있다. 솔직하게 살면 무언가를 억지로 할 필요가 없어서 건강에도 좋다.

그리고 가장 큰 장점은 자기 자신을 좋아하게 된다는 점이다. 주위 사람과 여러모로 다르고, 결점이 있어도 '그대로의 자신'을 좋아할 수 있다.

남의 눈을 두려워하는 것이 아니라 오히려 상냥하고 따뜻하게 여기면 기분 좋은 긴장감이 자신을 성장시켜 줄 것이다.

42

나 홀로 활동으로
재충전한다

|

갑갑함을 날리려면
혼자 있는 시간이 필요하다

세계 각지를 돌아다니며 살아본 지인 부부가 3년 전, 일본의 작은 시골 마을로 이주했다. 지역 축제와 동호회 활동을 하면서 시골 생활을 만끽한다고 하지만, 그래도 남편은 1년에 몇 번씩 해외로 골프를 치러 나간다고 한다.

'아무리 좋아해도 작은 사회에 갇혀 있으면 갑갑하다'라는 것이 그 이유다. 아내도 1년에 두 번은 꼭 고향에 다녀올 겸 2주 정도 여행을 한다. 아내는 "신기하게도 각자 즐겁게 지내다 돌아오면 서로에게 상냥해진다니까"라고 말했다.

가족과 회사, 지역 같은 작은 '상자' 안에 갇혀 있으면 자신도 모르게 갑갑함을 느낀다는 것이다. 그럴 때 스스로 '나 홀로 활동'을 하며 혼자만의 시간을 가지게 되면 마음의 압박감을 완화할 수 있다.

혼자 있는 시간의 기쁨과 소중함을 모르는 사람은 눈에 보이지 않는 압박감에서 벗어날 수 없어 갑갑함을 털어내기 어렵다.

밀려드는 업무에 지쳐 술집에서 동료들과 푸념하던 한 영업직 남성은 주말 등산을 다니기 시작하면서 일할 의욕을 되찾았다고 한다. 평소 머무는 장소를 벗어나 등산 모임에서 만난 낯선 어르신이나 젊은이들과 평등한 관계 속에서 등산에 집중하는 동안, 피폐해진 일상이 새로운 기운으로 재충전된 것이다.

이런 식으로 평소 있던 장소에서 멀어지기만 해도 해방감을 느끼고, 자신을 객관적으로 바라볼 수 있다. 또 **관점이 바뀌면 마음에 여유가 생긴다.**

이와 달리 늘 혼자서 외롭게 지내는 사람은 종종 타인과 이야기를 나누고, 갈 곳을 만들어서 쌓여있던 갑갑함을 해소하는 것이 좋다. 사람의 온기만 느껴도 마음이 피폐해지는 것을 막고 치유까지 할 수 있다.

계속 누군가와 함께 있거나 계속 혼자 있으면 마음이 지치게 된다. 혼자인 상태를 즐길 수 있는 사람은 '혼자도 됐다가 함께도 되면서' 양쪽을 마음대로 즐길 수 있다.

43

경쟁과 질투가 없기에
편안하다

|

비교할 가치가 있는 사람과
비교하자

외로움을 살아내는 사람은 '나는 나, 남은 남', '나는 나의 길을
간다'라고 자신과 타인을 분리해서 생각하기 때문에 기본적으로
서로 겨루지도, 질투하지도 않는다.

외로움을 살아내지 못하는 사람은 늘 자신과 남을 비교하면
서 '나는 저 사람처럼 할 수 없다', '상대가 나를 무시하는 것 같
다'라는 생각에 빠져 우울해하거나 세상 사람들과 견주어 '대기
업 직원만큼 연금을 받을 수도 없는데 어떡하지?'라고 불안해하
기도 한다. SNS에서 행복하게 보이는 사람을 볼 때마다 질투심
이 일고 기분이 나빠지는 이유도 비교하는 습관이 있어서다. 다
른 사람이 행복해지면 자신은 손해를 보는 것 같은 심리가 작용
하는 것이다.

비교는 '자신의 가치를 확인하고 싶은 마음'에서 비롯되지만,

자신의 가치를 '상대적'으로 측정하는 행위는 의미가 없다. 설령 잠시 '나는 승자'라고 우월감을 느낀다고 하더라도 나보다 더 위에 있는 사람을 보면 늘 마음이 편치 않을 것이다.

외로움을 살아내는 사람은 남이야 어떻든 '내가 좋으면 좋은 것이다'라는 자기 안의 절대적인 가치 기준이 있기에 온화하게 지낼 수 있다.

나도 20대 때는 비교하는 습관으로 인해 나 자신에게 상처를 내기도 했다. 그러나 지금은 '나는 나, 남은 남'이라고 생각하며 산다. 또 행복해 보이는 사람에게 "잘 됐다", "다행이야", "대단하네", "축하해!"라고 솔직하게 축하의 인사를 한다. 그러면 상대는 이미 비교의 대상이 아니기에 질투심이 사라진다.

또 한 가지 원칙은 '굳이 비교하려면, 비교할 가치가 있는 사람과 비교한다'라는 것이다. 열심히 노력하는 친구를 보면서 '나도 힘내자!'라고 마음을 다잡거나 존경하는 사람을 만나 '나는 아직 멀었다. 나도 저렇게 되고 싶다'라고 본보기로 삼는 식이다. 나에게 진정한 에너지를 주는 존재라야 비교할 의미가 있다. '승자와 패자' 같은 망상 속 경쟁은 그야말로 난센스다.

우리는 내가 아닌 다른 사람이 될 수 없다. 또 그 누구도 우리 자신을 흉내 낼 수 없다. 무언가를 결정할 때, '남이 어떻게 생각할지'가 아니라 '내가 나를 좋아할 수 있을지', '어떤 상태면 내가 만족할지' 등 자신만의 척도를 적용해야 한다.

44

사물의 본질을
꿰뚫어 볼 수 있다

자신에게 무엇이 필요한지를 알면
낭비가 사라진다

고독한 사람은 남 일보다 자기 관심사, 자신이 좋아하는 주제를 생각하는 시간이 압도적으로 길기에 자연스럽게 자신에 대한 이해도 깊어진다.

어떤 세상을 원하는지, 어떤 옷이나 인테리어에 마음이 끌리는지, 어떤 책이나 영화를 보면 흥분되는지 같은 것들 말이다. 이렇게 자기 기분이 좋아지는 방법을 알면 '자기만의 스타일'이 생겨난다. 원하는 바가 있으면 아무리 시간과 돈과 노력이 들더라도 끝까지 추구하고, 필요하지 않은 물건은 공짜로 준다고 해도 거절할 수 있는 것이다.

주위에 휩쓸리지 않고 '나한테는 필요 없어'라고 말할 수 있게 되면 정말 편해진다. '잘 맞지는 않지만, 조금 참아 볼까?' 하는 군더더기가 없어지기 때문이다.

외로움이 두려워서 '다들 좋다고 하니 나도……', '일단 남들 하는 대로 따라 하면 안심돼'라고 생각하면 사고가 멈춘다. 무슨 일을 하나 남들과 똑같은 차림으로 섞이거나, SNS에 사진을 올리기 위해 이른바 '핫 플레이스'라는 장소는 꼭 가 보거나, TV에 소개된 가게라고 하면 몇 시간이고 줄을 서서 먹고야 마는 행동은 무의식중에 '군중 속의 개인'으로 섞이고 싶은 심리의 표현일지도 모른다(정말 좋아서 그런 행동을 하는 사람은 별개다).

결과적으로 외로워진다고 하더라도 '나한테는 필요 없어'라고 말할 수 있어야 어른이다. 마음이 미성숙하면 주위에 휩쓸리게 된다. 할인한다는 말을 들으면 자신도 모르게 충동구매를 하는 사람, 집에 어수선하게 물건들이 널려 있는 데다가 사용하지 않는 물건이 유난히 많은 사람은 생활에 쫓기느라 혼자가 될 시간이 부족한 것은 아닌지 살펴보기를 바란다.

홀로 이것저것 따져보면 좋은 의미의 의심이 늘어날 것이다. '이게 정말 필요한가?'로 시작해서 TV에서 극찬하는 상품도 '어지간히 팔고 싶구나', '어딘지 말투가 수상해. 뭔가 숨기고 있는지도 몰라'라고 따져보면 무턱대고 남의 행동에 동조하는 행위가 사라진다.

혼자만의 시간은 사물의 본질에 대해 자기 머리로 생각할 시간을 준다. 그 시간은 삶의 지혜로 이어져 우리를 튼튼하게 지탱해줄 것이다.

45

외로움을 살아내는 사람은
매력적이다

|

적극적으로 외로움을 수용하는
사람에게는 품격이 있다

내가 보기에 성별에 상관없이 고독이 잘 어울리는 사람은 홀로 차를 마시고 있어도, 거리를 혼자 다녀도 언제나 당당하고 늠름하다. 혼자 있어도 인생이라는 여행을 충분히 구가할 수 있다는 각오는 반짝이는 눈빛과 표정, 말투, 복장 등 외모에도 드러나는 것이다.

근사한 외견에 기분도 좋아 보이지만, 외로움으로 인한 그늘이 희미하게 느껴지는 점도 매력이다. '늘 내 옆에 누군가가 있으면 좋겠어', '누군가에게 의지하고 싶어'라는 욕구를 가진 사람은 결코 가질 수 없는 품격이다.

'고독이 어울리는 사람'으로 내가 닮고 싶은 사람들이 있다. 다른 사람과 함께 하는 활동도 즐기지만 확고한 세계관을 가지고 자신이 좋아하는 일을 마음껏 즐기고 추구하는 사람, 나이와 상관없이 새로운 일에 도전하는 사람, 제 역할을 다하려는 리더, 깊이 있게 자기 길을 파고드는 장인, 사람의 마음을 울리는 작품을 만들어 내려 하는 작가와 예술가들이다. 이들도 외로움을 살아낸다.

고독이 매력적으로 보이는지, 쓸쓸하고 비참하게 보이는지의 차이는 적극적으로 외로움을 살아내려고 하는지, 어쩔 수 없어서 외로운 사람이 되는지의 차이에서 오는 경우가 많다.

지인 중 한 여성은 26년 전 여행 가방 하나만 달랑 들고 일본을 떠났다. 혼자서 사업을 시작해 큰 재산을 모으기까지 상상도 못 할 엄청난 외로움이 있었을 것이다. 그런데도 고생스럽다고 불편하지 않고 무심하게 매일의 생활을 즐기고 늘 남을 분주히 챙겼다. 그녀의 모습은 가슴이 저릴 정도로 멋졌다.

성별, 결혼 여부와 관계없이 고독이 멋들어지게 몸에 배어든 사람은 '중심'이 잡혀 있으면서도 자연스럽고 유연하다. 그들에게는 큰 꿈과 낭만이 있고, 하고 싶은 일에 깊이 빠져 있으니 좋은 의미의 '한량'이다. 함께 하기 위해 다가간 사람은 실망하게 될 수도 있지만, 매력적인 것은 틀림없다.

'고독이 어울리는 사람'을 목표로 삼으면 한층 성숙한 매력이 더해질 것이라고 확신한다.

46

행동 범위가 넓어지고
자신감이 붙는다

혼자서는 아무 데도 못 가는
삶에는 자유가 없다

요즘은 당당하게 '나 홀로 활동'을 즐기는 사람이 많아졌다. 혼자서 움직이면 간편하고 마음도 편하다. 남과 일정을 맞추는 번거로움도 없고 아이디어가 떠올랐을 때 당장 움직일 수 있어서 행동량이 많아질 뿐 아니라 행동 범위도 훨씬 넓어진다.

사람마다 나 홀로 활동이 다르겠지만, 나는 술이나 밥을 즐기는 식당보다 온천, 영화, 미술관 순례가 많다. 최근에는 코미디 라이브, 콘서트에도 도전 중이다. 해외여행도 저렴한 숙소에 머물면서 장기적으로 빈둥거릴 수 있기에 거의 혼자 다닌다. 여행 중에는 현지에 사는 지인을 만나기도 하고, 세계 각지에서 온 친구들과 합류할 때도 있다.

예전에는 같이 갈 사람을 찾아다녔는데 일정이나 취향, 경제 감각이 맞는 사람을 찾기가 힘들었다. 그러다가 언제부턴가 혼자 가기로 마음먹었더니 훨씬 쾌적했다. 지금은 나만의 스타일로 즐기는 데 익숙해졌다.

솔직히 여자 혼자서는 갈 수 없는 곳도 있고, '이런 레스토랑은 누군가와 같이 오면 좋겠다' 싶은 생각이 들 때도 있다. 하지만 **누구 눈치도 볼 필요 없이 자유롭게 다니며 오감을 다 동원해서 만끽하는 혼자만의 기쁨에 비해 외로움 따위는 너무나도 하찮다.** 오히려 홀로 석양을 바라볼 때 엄습하는 쓸쓸한 느낌은 그것대로 깊은 맛이 있다.

눈길이 가는 이벤트가 있어도 '혼자는 못 가'라며 포기하는 사람이 있다. 그러면 활동 범위가 좁아지고 한정된 인간관계 속에서만 살게 된다. '퇴직한 남편이 어딜 가든 따라붙는 바람에 짜증이 난다'라고 한숨 쉬는 사람들이 많지 않은가? 나이가 들수록 '외로움을 살아낼 힘'을 연마해야 한다.

혼자서는 아무 데도 못 가는 사람은 새로운 연결고리를 만드는 데에 서툴러서 특정인에게 부담을 준다. 혼자가 되면 불안해지고 기분이 언짢아진다고 한다.

그렇게 되기 전에 모험이라 생각하고 간단한 것부터 하나씩 나 홀로 활동을 시작해 점차 넓혀 갈 것을 권한다. 한번 맛보고 나면 자신감도 생기고, 더 많이 도전해 보고 싶은 마음이 들기 마련이다. 틀림없이 인생이 몇 배나 즐거워질 것이다.

47

혼자 전진할 때
성장한다

|

스스로 해결하는 사람에게는
자신감이 붙는다

사람은 외로움을 느낄 때 성장하는 법이다. 스스로 어떻게든 해야 하는 상황에 강제로 놓이기 때문이다.

여러분이 '그때 정말 열심히 했다', '크게 성장했다'라고 생각하는 때는 언제인가? 예를 들어 대학 입시 때, 어학이나 기술을 배웠을 때, 어려운 일을 포기하지 않고 끝까지 해냈을 때, 마라톤을 완주했을 때 등 어떤 목적을 향해 외로운 가운데에서도 도망치지 않고 전진한 때가 아닐까?

물론 누군가가 자신에게 가르침을 주거나, 동료와 함께 노력하는 등 타인과 함께 성장할 수도 있지만, 그것도 개개인이 있는 힘을 다한다는 전제가 있을 때 이야기다.

정말 중요한 목적이 있을 때는 혼자가 되어 진지하게 생각하고, 시행착오를 겪으며 나아갈 수밖에 없다. 거기서 도망쳐서 남들 사이에 섞여 버리거나, SNS 또는 게임에 빠져버리면 나중에 '난 뭘 한 거지?'하고 후회할지도 모른다.

내가 살아오면서 나 자신도 믿을 수 없을 정도의 힘을 낸 시기는 30대 후반이다. '이대로 끝내고 싶지 않다!'라는 충동이 일어나 작가가 되려고 상경했고, 데뷔작을 쓰기까지 몇 년이나 쏟아부었다. 내가 어디까지 갈 수 있을지, 어떤 방법이 있을지를 끊임없이 고민하던 당시에 대한 솔직한 소감은 '힘들었지만, 즐거웠다!'라는 것이다.

그때 결심했다. '그 누구도 탓하지 않겠다'라고 말이다. 외로운 도전은 책임 소재가 오로지 나에게 있다. 명확한 목적을 정했다면 '저 사람이 해주지 않아서 이걸 못 해', '나는 재능이 없으니 어쩔 수 없어' 등의 변명을 할 수 없다.

'스스로 어떻게든 해결해야 한다'라는 생각으로 포기하지 않고 나아간 사람에게는 여러 상황에서 '할 수 있다'라는 자신감이 붙을 수밖에 없다. 우리는 마음속에서 우리가 지금껏 무엇을 해왔는지, 무엇을 하지 않았는지 모두 알고 있다.

지금 외로운 사람은 성장할 기회를 부여받고 있다고 생각해도 된다. 단, 정말 힘들 때는 도망치는 것도 자신을 보호하는 길임을 잊지 말자.

48

홀로 노력할 때
기회가 다가온다

|

혼자 노력하다 보면
말 걸어주는 사람이 다기온다

'기회의 신'은 대개 나 홀로 활동 중에 찾아온다. 홀로 노력하는 사람의 능력이나 캐릭터를 보고 기대감을 품은 사람들이 "이런 일 한번 해 볼래?", "이런 사람 만나볼래?"라는 제안을 해 오기 때문이다. 남들과 같은 사람, 어디에나 있을 법한 사람이라면 큰 기대를 할 수 없을 것이다. 기회의 신이 사랑하는 사람은 자신을 중심에 두고 '나는 이런 사람입니다'라는 메시지를 발신하며, 기회가 오면 '땡큐!'를 외치면서 바로 뛰어드는 사람이다.

요즘은 회사에 소속된 사람들도 '나 홀로 의식'이 강하기에 실적 또는 업무 스킬을 키워서 한 단계 높은 자리로 옮겨가는 사람이 늘고 있다. 반면에 '문제만 일으키지 않으면 된다'라는 식으로 자리를 보전하는 것에만 관심이 있는 사람은 어느 한 장소에 들어갈 수는 있어도 그다음으로 갈 장소는 없다.

나도 회사에 있을 때는 '아무리 노력해 본들 승진, 승급은 엇비슷해', '모난 정이 돌 맞는 법이니 쓸데없는 짓은 하지 않는 게 좋아'라는 마음이 있었음을 부인할 수 없다. 하지만 언제부터인지 회사는 내 인생을 책임지지 않음을 통감하고 나서부터는 업무 스킬을 익혔고, 부업까지 하면서 나 홀로 활동에 신경을 쓰게 되었다. 그렇게 움직이는 동안에 '이거 한번 해 볼래?'라는 제안을 받았고, 또 온 힘을 다해 기대에 부응하다 보니 여기까지 올 수 있었다. 무엇이든 도전이 중요하다. 일단은 스스로 선택하기보다 선택을 받을 수 있어야 한다.

'필요할 때 필요한 사람이 나타난다'라는 끌어당김 현상은 영적인 힘도 아니고, 운도 아니다. '나는 이런 일을 하는 사람이다', '여차하면 바로 뛰어들 수 있다'라는 에너지를 발신하다 보면 그에 딱 어울리는 사람이 나타난다는 것이다.

처음부터 남의 힘에 기대려고만 한다면, 상대를 움직일 수 없다. '자신의 힘'으로 노력하려 하는 사람에게만 그를 지지해 주는 '남의 힘'이 움직여 준다.

49

혼자 편안히 있을 때
아이디어가 샘솟는다

|

사람의 두뇌는 혼자일 때
잘 작동한다

지인 중에 예술가가 있다. 그는 스마트폰은커녕 구형 휴대전화도 없는 사람이다. "그런 물건의 노예가 되고 싶지 않아. 아무것에도 얽매이지 않고 자유롭게 살고 싶다고"라는 게 그의 주장이다. 혼자 틀어박혀 곰곰이 생각하거나 산책하며 멍하니 지내는 동안에 마치 하늘이 알려주듯 '옳거니!' 하는 아이디어가 내려온다는 것이다.

기상천외해서 어린아이부터 노인까지 웃음 짓게 만드는 그의 팝아트 작품을 보면, 그 독특하고 세련된 구상이 잡다한 정보를 차단하고 혼자만의 시간의 축적 속에서 탄생했음을 짐작할 수 있다.

흔히 '그래! 이렇게 하면 되겠구나', '좋은 생각이 났어', '좋은 방법이 떠올랐어' 등 번뜩이는 아이디어와 만나는 것도 혼자 있을 때다. 이런 아이디어는 샤워 중이나 이동 중, 혹은 자는 도중에 문득 뇌리를 스치기도 한다.

사람의 두뇌는 우리가 의식하지 않더라도 신경 쓰고 있는 주제에 대한 답을 내기 위해 '안전 모드'로 계속 돌아간다. 그러다가 혼자 편안히 있을 때, 활성화되어 지금까지 입력한 정보를 정리한다. 그 작업이 잘 되었을 때, '옳거니!' 하는 아이디어가 아웃풋 되는 것이다.

남과 함께 있거나 스마트폰을 보는 동안은 정보를 계속 머릿속으로 주입하는 상태다. 이럴 때는 그때그때 반응하기만으로도 바빠서 정리할 틈이 없다.

남의 흉내도 아니고, 주어진 답을 그대로 받아들이는 것도 아닌, 스스로 얻어낸 번뜩임은 한 인간으로서 느낄 수 있는 최고의 기쁨이다. 붓다나 철학자들이 깨달음을 얻고, 발명가가 편리한 도구를 만들 수 있었던 이유도 고독 속에서 끈질기게 생각했기 때문이다.

두뇌는 언제나 우리를 행복하게 만들기 위해 움직인다. 혼자 있어야 자기만의 미학도 숙성될 수 있다. 밤에는 스마트폰을 놓고 산책하면서 머리를 쉬게 하고, 집에서도 혼자 있을 수 있는 장소를 만드는 등 하루 중 짧게라도 혼자가 될 수 있는 시간을 확보해야 한다.

50

고독해야
시야가 넓어진다

|

혼자 있어야
다채로운 사람들과 연결될 수 있다

'고독'이라고 하면 사람들과의 관계 맺기를 피해 칩거하거나, 고집이 세서 자기만의 세계 속에서 살아가는 이미지를 떠올릴 수도 있다. 하지만 나는 고독해야 시야가 넓어지고, 큰 세계와 마주할 수 있다고 확신한다.

한때 개발도상국 아동을 지원하는 프로젝트에 참여했을 때, 참가자들의 면면을 살피다가 배우자를 잃은 고령자가 많다는 사실을 알게 되었다. 혼자가 되고 나서 여생을 어떻게 보낼지, 자신이 뭘 할 수 있을지 고민 끝에 참가했다는 사람도 있었다. 삶의 보람을 찾고 싶다, 나로 인해 누군가가 기뻐했으면 좋겠다는 포부를 품은 그들은 고령임에도 해외에서 그 꿈을 펼치고자 최선을 다했다.

회사나 가정이라는 단위로 생활할 때는 늘 그 안에서 '무엇을 할 수 있을지'를 생각해야 한다. 특히 육아나 고령자 간병까지 해결해야 하는 상황이라면 그 외의 문제에는 좀처럼 시선을 돌리기 어려운 것도 사실이다.

하지만 그 역할을 끝낸 단계가 왔는데도 움츠러들어 있다면 '자신은 쓸모없는 사람'이라는 소외감을 느낄 수도 있고, 자신의 가능성도 해칠 수 있다.

'혼자니까 할 수 있는 일이 있다'라고 시야를 넓혀야 다양한 가능성이 있음을 깨닫게 된다. 사람은 나이가 들어도 도전하고, 배우고, 즐겨야 한다.

미래를 생각하라고 하면, '연금은 얼마나 받을 수 있을까?', '나에게까지 일자리가 돌아올까?'처럼 주어지는 것에만 눈을 돌리는 경향이 있다. 하지만 '나는 무엇을 할 수 있을까?'라고 자신이 할 수 있는 것부터 생각하면 주어지는 것들도 자연스럽게 많아질 것이다.

외로움에 고통받는 젊은이들도 고개를 들어 더 넓은 세상을 바라보며 '자신이 무엇을 할 수 있을지' 생각해야 한다. 이야기만 들어드려도 기뻐할 어르신이 있을 수도 있다. 새로운 배움의 장에 자신이 설 자리가 있을지도 모른다. 그곳에서 같은 취미나 문제의식을 품은 사람과 연결될 가능성도 있다. 혼자 있을 때는 개인과 개인, 개인과 집단의 연결이 모두 가능하므로 할 수 있는 일이 너무나도 많다.

51

진정으로
상냥해질 수 있다

외로움을 살아내는 사람은 대가를 바라지 않기에
많은 것을 줄 수 있다

진정한 의미에서 상냥한 사람이 되고 싶다면 고독해야 한다.
혼자가 되기를 두려워하는 사람의 상냥함에는 '의존성'이 숨어
있을 수 있다. 예를 들어 직장에서 자기 파벌의 동료에게는 상냥
하게 칭찬하고 친절하게 대하면서도 그 외의 인물이 곤란할 때
는 돕지 않는 사람이 있다. '무리 속에 섞이고 싶다'라는 마음이
있어서다.

외로움을 살아내는 사람은 파벌 따위에 상관하지 않는다. 같
은 파벌이니까 친하게 지내겠다는 기대를 품지 않기에 누구에게
나 상냥하게 대한다. '기브 앤 테이크'가 아니라 오로지 '기브 앤
기브'라서 대가를 요구하지 않는 것이다. 그러니 '나는 뭘 해 줬
는데 답례가 없네', '더 고맙다고 마음을 표시해도 좋을 텐데' 등
으로 섭섭하게 여길 일도 없다. 상대가 기뻐하거나 힘든 상황을

벗어난 것만으로 충분하다고 느끼니까 말이다.

　과거 신문사에서 일했을 때, 문장의 오류나 순서 착오가 있으면 편집장에게 정신이 번쩍 나도록 꾸중을 들었다. 그런데 광고주의 심기를 건드렸을 때는 한마디도 꾸지람을 듣지 않았다. 편집장은 그저 나와 함께 사과하러 가 주었다.

　그런 상냥함을 갖춘 사람이 되고 싶었다. 상냥함이란 생글생글 웃으며 듣기 좋은 말을 건네는 것만을 가리키는 말이 아니다. 상대방의 성장을 위해 꾸짖을 수 있는 상냥함, 상대방의 기분을 생각해서 아무 말도 하지 않는 상냥함, 기다려 주는 상냥함, 공감하는 상냥함도 있다. 진심으로 상대를 위한다면 일부러 내칠 수도 있다.

　외로움을 살아내는 사람은 굳이 상대에게서 상냥함을 바라지 않는다. 그래서 **외로운 사람들끼리는 표면적인 말이나 태도가 아니라 깊은 감정이나 이해로 이어질 수 있다.**

　또 외로움이 주는 쓸쓸함을 알기에 상냥해지는 측면도 있다. 쓸쓸함과 불안감을 느끼는 사람을 보면 자기 일처럼 마음 아프게 생각하기 때문이다. 상대방이 눈치채지 않도록 살짝 돕는 행위도 은근한 상냥함이다. 이런 것들은 자기 안에 외로움을 담아 온 사람만이 만들어 낼 수 있는 '사랑'이라고 생각한다.

· 4장 ·

외로움을 즐기는 사람은
삶이 우아하다

혼자든, 함께든 외로움을 즐기는 방법

52

매일 '나 홀로 작전회의'를 열어라

|

혼자니까 자신과 대화하고 스스로 정할 수 있다

'외로움을 직면할 힘'은 '혼자서도 즐길 줄 아는 힘'으로 바꿔 말할 수 있을 것 같다. 혼자서 여행을 즐기듯이 생활과 인생을 즐기고, 재미있어하고, 기뻐하며, 음미하는 힘이 있다는 의미일 테니 말이다. 기본적으로 혼자이기에 자유롭게 움직이고, 자유롭게 남들과 연결되며, 자유롭게 뜻을 이루어 나갈 수 있다.

'외로움'이 얼마나 멋진지, 그리고 얼마나 필요한지 실감할 수 있도록 4장에서는 외로움을 즐기고 싶은 사람들에게 다양한 제안을 하려 한다.

첫 번째로 매일 '나 홀로 작전회의'를 추천한다. 혼자 여행할 때 '어디로 갈까?', '어떻게 가지?'를 생각하는 것처럼 외로움을 살아내는 사람들에게 나 홀로 작전회의는 행동을 결정하는 중요한 축이 된다.

사회생활을 하다 보면 자신의 속마음이 무언지도, 어디로 가고 싶은지도 흐지부지되기 일쑤다. 하지만 **이 세상에서 자신을 가장 많이 생각해 주는 사람은 자기 자신이다. 따라서 제대로 자신과 대화해 자기 진심을 알아내고, 어떻게 해결할지를 생각해 보아야 한다.**

나 홀로 작전회의의 방식에 정답은 없다. 혼자 있을 수 있는 시간이 없다면 출퇴근 시간이나 목욕 시간, 잠들기 직전도 좋지만, 가능하면 일을 시작하기 전이나 오후 휴식 시간 등에 10~15분 정도 시간을 정해서 수첩이나 노트에 생각을 휘갈겨 쓰기만 해도 좋을 것이다. 지금 느끼는 점, 깨달은 점, 하고 싶은 일, 아직 해결되지 않은 문제 등 머릿속에 뒤죽박죽 얽혀있는 내용을 글로 쓰면 정리가 되기 때문이다.

참고로 나는 '나 홀로 작전회의'에서 주로 두 가지를 자문자답한다. '정말 어떻게 하고 싶어?', '(그러려면) 어떻게 해야 할까?' 이 두 가지다. 이때 **나 홀로 여행을 떠날 때처럼 무엇을 할지**what **와 방법**how**을 정한다. 그리고 구체적인 'To Do(해야 할 일) 리스트'를 목록으로 정리해서 일정에 넣기만 하면 된다.** 일과에 대한 계획부터 주말 보내기, 여름휴가 여행, 외국어 공부, 인생의 장기 목표 등도 모두 같은 요령으로 회의하면 된다. 이때 주의 사항은 결코 반성으로 끝내면 안 된다는 점이다. 실수했을 때는 '바보짓 했구나' 정도로 끝내고, 즉시 다음 작전을 생각해야 한다.

53

때로는 '미니 나 홀로 여행'을 떠나라

온갖 것에 눈이 가고,
온갖 것을 깨달을 수 있다

외로움을 즐기는 달인이 되려면 '미니 나 홀로 여행'을 떠나 봐야 한다. '혼자 할 일이 아무것도 없다', '놀아줄 사람이 없어 쓸쓸하다'라며 외로움에 지친 사람뿐 아니라, '가끔은 가족에게서 벗어나고 싶다'라고 느끼는 사람에게도 추천한다. 자고 돌아오기가 어려운 사람은 몇 시간 동안 이웃 마을을 산책하기만 해도 재충전이 가능하다.

나 홀로 여행의 매력은 하고 싶은 대로 다 할 수 있는 자유다. 목적지, 일정, 예약 변경을 모두 마음대로 할 수 있다. '아, 맞다. 거기에도 한번 가 보자!'하며 다음 날 아침 열차에 가뿐하게 오를 수도 있다.

나는 지인들과 일정이 맞지 않아서도 그렇지만, 사진 찍기에 집중하고 싶어서 여행은 대부분 혼자 간다. 설레는 마음으로 거리를 걸으며 '이 간판 재미있네!', 자연을 보며 '처음 보는 꽃인데 뭐지?' 등 작은 사물에도 눈길을 줄 수 있는 이유는 혼자 떠났기 때문이다. 아무리 마음이 잘 통하는 일행이라도 누군가와 함께 있을 때는 대화와 발걸음을 맞추는 데만 해도 정신이 팔려 많은 것을 놓치게 된다.

혼자 떠나면 밥을 먹을 때도 '이 가게에 들어가 볼까?'라고 즉흥적인 행동이 가능하다. 음식의 맛, 향과 식감을 천천히 음미하고, 만드는 방법도 이것저것 상상하며, 가게 주인에게 질문할 수도 있다.

현지인의 삶을 느낄 수 있는 시장에서 그 동네 주민처럼 시장을 보고, 살짝 비싼 호텔에서 비일상을 맛보기도 하며, 노을 지는 산맥이 내다보이는 카페에서 생각에 잠기는 사소한 일들이 여행의 다채로운 추억으로 남을 것이다.

제약이 없는 만큼 어떻게 즐길지는 자기 하기 나름이다. **자신이 좋아하는 것, 편안해하는 장소, 반대로 자신에게 필요 없는 것을 알아내는 등 혼자 떠나는 여행은 마음을 자유롭게 하고, '나를 아는 여행'이기도 하다.**

지금 있는 자리에서 벗어나 보면 일상의 행복에 대해서도 신선한 관점을 가질 수 있다. 분명 여행을 마칠 무렵에는 마음이 정화되고 조금 더 씩씩해진 자신을 만날 수 있을 것이다. 호기심과 아주 약간의 행동력만 있으면 누구나 나 홀로 여행으로 성장을 경험할 수 있다.

주체적으로 외로움을 즐기는 '미니 나 홀로 여행'. 여러분도
한 번쯤 떠나 보기 바란다.

자신의 힘을 믿고 도전하는 것은
살면서 누릴 수 있는 최대의 기쁨이다.

54

일상에 넘치는
우연한 만남을 즐겨라

|

혼자라야
우연한 만남의 기회가 많다

나는 사람들을 만나는 데 무척 겁이 많고 소극적이었지만, 나 홀로 여행을 통해 내가 먼저 말을 건네는 사람으로 변했다. 여행 도중에 만난 사람과 재회하거나 합석한 사람과 수다를 떨면서 인생이 크게 바뀌는 경험도 했다.

'지금 이 자리에서 말을 걸자. 이 사람과는 다시 만날 수 없을지도 모르니까.'

이런 느낌은 여행 후에도 이어져, 지금은 '일상의 여행'에서도 내가 먼저 말을 걸게 되었다.

사실 솔직히 말하면, 상대가 말을 걸어오는 경우가 더 많다. 콘서트를 보러 갔다가 옆에 앉은 여성이 "우리 전에 만난 적 있어요?"라고 말을 건 것을 계기로 의기투합한 적도 있다. 지금은 집에서 자고 갈 정도로 친밀해진 사람도 있다.

그런 우연한 만남을 여행길처럼 즐길 수 있는 것은 내가 혼자이기 때문이다. 일행이 있으면 나나 상대나 말을 걸지 않게 된다. 물론 혼자 있어도 잔뜩 움츠린 채 스마트폰이나 만지작거리고 있으면 '나에게 말 걸지 마요!'라고 외치는 것이나 다름없다. 그래서는 아무도 다가오지 않는다.

일상에서도 내가 먼저 말을 걸거나 상대가 말을 걸어오는 확률이 높은 이유는 그저 고개를 들고 '어떤 사람이 있나?' 하고 흥미롭게 관찰하듯 주위를 둘러보기 때문이다.

나는 그저 아이를 데리고 공원에 놀러 나온 엄마, 커피숍에서 흔히 볼 수 있는 점원, 아파트 경비원에게 방긋 웃으며 "안녕하세요?"라고 인사할 뿐이다. 만약 상대가 기분 좋게 미소로 화답해 주면 "스카프가 멋지네요", "오늘은 사람이 많네요", "날씨가 좋아요" 등 뭐든 한 마디 건넨다. 반응이 없어도 아무 상관 없다. 그저 '이 자리가 즐거워지면 좋겠다'라는 생각으로 주눅 들지 않고 가볍게 말을 걸다 보면, 뜻밖의 정보를 얻거나 상황이 재미있게 전개될 때가 있다.

혼자라야 수많은 만남의 기회가 있고 남과 친해지기 쉽다. 진정한 외로움은 자기 껍데기 속에 틀어박히는 것이 아니라, 나 홀로 여행을 즐기듯 사람들을 만나면서도 자기 갈 길을 가는 것이다. 혼자가 되어 살아가는 장점은 헤아릴 수 없이 많다.

55

길을 묻듯 편하게
도움을 요청하자

|

도움받고
초대받는 일이 많아진다

돌이켜보면 나는 믿을 수 없을 정도로 많은 호의에 힘입어 살아왔다. 혼자서 아는 사람 한 명 없이 상경했을 때는 식당에서 합석한 할머니께서 "우리 집에 들어와서 살아. 돈 안 내도 돼"라고 인정을 베풀어 주셨고, 아르바이트하던 곳의 선배는 "반찬을 너무 많이 만들었네. 가지고 가"라며 먹을 것을 나누어 주었다. 일을 하다 알게 된 작가님은 "다음에 잡지 편집자를 소개해 줄게"라며 기회를 만들어 주셨다. 잠깐 시골에서 살았을 때는 이웃 어르신이 벌초부터 집수리, 저장식 만들기까지 온갖 것을 도와주셨다.

당시 내게 그들은 하나님 같았다. 아마도 '혼자 애쓰고 있으니 도와주자'라는 생각으로 따뜻하게 배려해 주셨을 것이다. 하기야 내가 혼자 힘들어하는 꼴을 보다 못해, 먼저 손을 내밀기도 했을 것이다.

혼자니까 "우리 집에 밥 먹으러 올래?", "같이 놀러 가지 않을래?"라는 초대도 종종 받았고, 어느새 온 가족과 친하게 지내는 집도 생겼다.

물론 가족이 있어도 자유롭게 행동하는 사람이 있지만, 상대로서는 말을 걸어도 좋을지 신경이 쓰일 것이다. 초대했는데 "남편(아내)에게 물어봐야 해서……"라는 답을 들으면 다음부터는 초대하기 어려울 수도 있으니까 말이다.

이런 이야기는 내가 여자라서, 사교적이라서 하는 말이 아니다. 성별, 성향과 관계없이 주위 사람들의 도움을 받으며 사는 사람이 많다는 말이다.

그런 사람들의 공통점은 남의 호의에 대해 솔직하게 기뻐하고 고마워한다는 점이다. 마음속으로 고맙게 여기고 넘어갈 수도 있지만, 대부분은 "어찌나 고마운지 모르겠습니다"라고 정중하게 인사만 해도 상대는 기뻐해 준다.

친구라서, 친척이라서, 이웃이라서와 같은 이유를 붙이지 말고 길을 묻는 느낌으로 가벼운 마음으로 도움을 주고받으면 된다. 나중 일에 대한 기대가 없으니 말 걸기도 쉽고, 그 자리에서 "고맙습니다!"라고 상쾌하게 상황을 완결지을 수도 있으니 얼마나 좋은가?

주위의 호의를 기꺼이 받으면서 살아가는 것도 외로움을 살아내는 사람의 처세술이다.

56

친구나 가족보다
'목적별 협력자'를 의지하자

|

많은 사람에게
조금씩 의존하면 된다

이혼한 친구가 한 말이 떠오른다.

"이제 결혼은 하고 싶지 않아. 그런데 가끔 수다 떨 남자 친구는 있으면 좋겠어. 그리고 남자 친구가 아니라도, 박식해서 이것저것 가르쳐 줄 사람, 맛집에서 함께 외식을 즐길 사람, 그냥 보기만 해도 즐거운 사람 등 목적별로 여러 친구가 있으면 참 좋겠어."

한 사람에게서 모든 바람을 채우기는 어렵지만, 각자의 좋은 점을 같이 나누면 서로 마음이 편할 것이다.

이런 이야기는 '남자 친구가 있어도 좋고 없어도 좋다'라는 자립적인 사고방식이 있기에 할 수 있는 소리다. '아니면 말고' 식으로 생각할 수 있어야 편하게 부탁도 하고 요청도 할 수 있으니까 말이다.

앞에서 '길을 묻듯이 남의 도움을 받자'라고 썼다. 상대의 호의를 기다릴 뿐 아니라 필요할 때는 길을 묻듯 가벼운 마음으로 접근해도 된다. 연애 상대나 놀이 친구 외에 집 청소를 도와주는 사람, 요리 비결을 알려주는 사람, IT 관련 조언을 해주는 사람, 그냥 대화만 나누어도 활기가 솟는 사람 등 **'사소하게' 의지할 만한 상대를 많이 보유하는 것도 '자립'이다.**

'친구라서', '가족이라서' 늘 정해진 상대에만 의존한다면 서로가 부담스럽고 할 수 있는 일도 한정되기 마련이다. 잘 아는 사이가 아니라도 "이것 좀 가르쳐 줄래요?", "이거 좀 도와주실 수 있어요?"라고 말을 걸면 된다. 때에 따라서는 인터넷에 물어보거나 전문가에게 의뢰하고 돈을 내는 방식으로 해결할 수도 있다. 문제를 해결할 길은 얼마든지 있다.

한 지인에게는 "친구에게 이사를 도와달라고 했다가 시간이 한참 지난 후에 답례로 한 턱 냈더니, 오히려 비싸게 치였다"라는 이야기를 들은 적이 있다. 전문가에게 부탁하는 편이 좋을 때도 있는 것이다.

남에게 의지하려면 '내가 무엇을 할 수 있고, 무엇을 할 수 없는지'를 알아야 한다. 무엇을 할 수 없는지 명확히 알면 남에게 의지해야 할 내용도 명확해진다. 도와줄 사람도 쉽게 찾을 수 있다.

외로움을 살아내는 삶의 가장 큰 묘미는 많은 사람과 연결되어 다양한 도움을 받을 수 있다는 점이다. 그래서 외로움은 쓸쓸하고 비참한 것이라는 생각은 난센스다.

57

꽃 한 송이 건네듯
상대를 기쁘게 하자

|

가볍게 가까워지고
마음 편히 나누이 줄 수 있다

다시 말하지만, 고독은 자기 세계에 틀어박혀 남이 그 세계에 들어오는 것을 거부하는 상태가 아니다. 혼자이기에 누구와 어떤 식으로 연결될지도 자유다. '이래야 한다'라는 속박도 없고, '나에게 잘해주면 좋겠다'라는 기대도 없으니 다양한 사람과 가볍게 사귈 수 있다. 싫을 땐 거리를 두면 된다. 남과 얽히지 않고 사는 것도 자유다.

나는 이사를 자주 다니는데 다니는 곳마다 집 근처 채소 가게, 커피숍, 미용실, 온천, 술집 등에서 대화를 통해 사장님들과 금세 가까워진다. 또 그분들을 통해 안면을 익히는 주민들도 자꾸 늘어난다.

가끔은 그들에게 "이거 어쩌다 보니 양이 많아졌어요. 좀 드세요"하고 먹을 것을 나눠드리기도 한다. 얼마 전에도 여행에서 돌아오는 길에 단골 온천 료칸에 들러 "바쁘실 것 같아서 먹을 것 좀 사 왔어요. 드세요" 하면서 선물을 건네고 왔다. 내가 당신에게 베풀었으니까 당신도 나에게 뭔가를 해달라는 게 아니라, '당신이 조금이라도 기뻐해 준다면 나도 기쁘겠다'라는 나중을 기약하지 않는 감정에서 나온 행동이다.

여기저기 꽃 한 송이 내밀듯 나눠주다 보면 기대하지 않아도 어디선가 선물이 돌아오기도 한다. 제철 과일부터 수제 잼, 손뜨개 모자, 가구 등 온갖 선물을 받다 보면 마치 물물교환이라도 하는 느낌이 든다.

물건만 교환하는 것이 아니다. 나는 사진을 좋아하니 함께 즐겁게 지낸 사진이나 동영상을 보내서 상대를 기쁘게 하는 일이 자주 있다. 상대에게 힘든 일이 있으면 이야기를 들어주고, 돕거나, 정보를 제공하거나, 도와줄 수 있는 사람을 소개하기도 한다. **단, 뭔가 친절을 베풀 때는 참견이 되지 않도록 상대의 반응을 세심하게 살핀다.**

외로움을 즐기는 사람은 '준 것은 그 자리에서 잊고, 받은 은혜는 잊지 않는다'라는 철칙을 지켜야 한다. 이 마음을 새기고 살면, 어느새 주위가 모두 자신을 응원해 줄 것이다.

58

생활에 활력을 주는
'최애'를 만들어 보라

|

혼자니까
맘 편히 짝사랑해도 된다

40, 50대 여성들이 자주 화제에 올리는 주제가 자신의 '최애'
다. 최애는 원래 가장 사랑한다는 의미의 아이돌 팬 용어인데, 요
즘은 아이돌뿐 아니라 뮤지션, 배우, 운동선수, 유튜버 등 다양한
대상에 널리 쓰인다. '뮤지컬 배우 따라다니는 게 생활 속 큰 즐
거움', 'K‑팝 아이돌의 동영상 시청 시간이 매일 밤의 힐링 타
임'이라는 사람들은 최애를 통해 생활의 활력을 얻는다. 도전하
는 사람을 보면 응원하고 싶은 것이 인지상정이기 때문이리라.
이들은 최애가 성장하고 활약하는 모습을 보면 자기 일처럼 기
뻐한다.

최애를 챙길 때의 감정은 유사 연애와도 비슷하다. 그런데 일
방통행의 애정이라 감정에 솔직해도 손해 볼 일이 없으니 안전
하다고 할 수 있다. 현실 속 파트너가 필요 없다는 사람에게는

삶에 활력을 주며, 파트너가 있는 사람도 설렘을 되찾아 현실 속 관계에도 좋은 자극을 주는 사랑이다. 단, 너무 몰입하지 않아야 성숙한 어른이다.

이와 함께 내가 추천하고 싶은 것은 실제로 알고 지내는 '현실 최애'를 가볍게 흠모하고 응원하는 것이다. 예를 들어 자주 가는 카페 점원, 헬스 트레이너, 직장에 오는 배달원, 강습 선생님 등을 응원하는 것이다. '저 사람 좋다', '멋지다', '나, 저 사람 좋아하는 건가?'라는 생각에 살짝 빠지기만 해도 마음이 들뜰 것이다. 마음속으로만 하는 짝사랑에는 기대하는 바가 없으니 그 누구를 좋아해도 된다.

노력 중인 지인을 응원하는 마음으로 지켜보고, 때로는 미력하나마 도와주다 보면 그들의 성장과 활약을 확인할 때 기쁨을 느낄 수 있다. 나는 이재민을 위한 자원봉사 활동에 열심인 청년, 아직 빛을 보지 못한 도예가 등을 응원 중이다. 꿈을 향해 달리는 사람을 보고 있으면 자극도 받고, 응원하는 나 자신까지 건강해질 수 있다.

외로움을 적극적으로 받아들이면 가족이나 회사라는 울타리 너머에 있는 사회 전체와 마주할 수 있다. 그 과정에서 자기만의 빛을 발하는 사람을 응원하는 기쁨은 아주 크다.

자신이 즐거워질 수 있는
취미를 갖자

|

혼자의 시간을
풍성하게 만들어 준다

한 사람이 고독을 즐길 수 있을지를 알고 싶으면 열중할 수 있는 취미가 있는지를 보면 된다. 초등학교 5학년인 친척 아이가 코로나로 일주일간 자기 방에 격리되어 있을 때 "힘들지 않았어?"라고 물었더니 "전혀요. 혼자 있는 게 좋으니까 그림도 그리고, 만화도 읽고, 유튜브도 보면서 잘 지냈어요!"라고 답했다. 평소에도 혼자 지냈으니 힘들기는커녕 마음껏 만끽했다는 것이었다.

어른도 자신만의 취미가 있는 사람은 일상생활에서 만족감을 느낀다. 평소의 스트레스를 해소할 수 있고, 자기 단련이 되고, 좋아하는 단계를 넘어 직업으로 발전시킬 수도 있고, 동료가 늘어나는 등 취미의 효과는 이루 헤아리기 어렵다. 시간에 쫓기는 젊은이든 시간이 남아도는 고령자든 취미가 있는 사람은 모두 생기와 매력이 넘친다.

다만 '취미라고 할 만한 게 없다', '취미를 즐길 시간과 돈이 없다', '혼자서 도전하기는 어렵다', '지속하기 쉽지 않다'라고 토로하는 사람도 많은 것 같다.

취미를 어렵게 생각할 필요는 없다. 조금 관심이 가는 일을 닥치는 대로 해 보면 된다. 새로운 경험을 이것저것 해 보는 것도 즐거울 것이다. **성과를 내지 않아도 되고, 계속할 필요도 없으니 그저 즐거운 쪽으로 움직이다 보면 '이거 재미있네!', '더 해 볼까?' 하는 일을 찾을 수 있다.**

다만, 자신에게 맞는 취미를 정확히 찾아내고 싶다면 지금 무엇에 가슴이 설레는지, 전에는 어떤 일에 푹 빠졌는지를 생각하면 쉬울 것이다.

이때 주의점은 유행이나 겉멋이 아니라 '자신이 열중할 수 있는 일'을 골라야 한다는 점이다. 나의 지인 중에는 재판 방청, 불상 조각, 양조장 순례 등 마니아적인 취미에 빠져든 사람들이 있다. 남의 공감을 얻지는 못해도 관심을 쏟을 만한 일은 세상에 넘쳐난다.

여러 취미를 동시에 즐겨도 되고, 하나를 깊이 파고들어도 된다. 질리면 쉬어도 된다. 어찌 됐든 발전을 느낄 때쯤이면 더 깊은 재미를 맛볼 수 있어 만족감이 더해질 것이다. 여러분도 하루하루가 즐거워지는 취미를 가지고 혼자만의 시간을 풍요롭게 채워보기를 바란다.

60

외로움을 친구로 만들
'나만의 공부'에 빠져라

성숙한 어른은
공부의 즐거움을 안다

성숙한 어른이라면 모름지기 자신을 성장시키고 삶을 즐겁게 할 공부에 빠져봐야 한다. 공부는 외로움을 친구로 만드는 데 큰 도움을 준다. 그리고 공부는 외로울 때 잘된다.

공부는 크게 일에 관한 공부, 교양이나 취미로서의 공부로 나눌 수 있다. 전자는 자격 취득이나 업무 스킬을 키우기 위한 '자기 투자'에 해당하는데, 이에 관해서는 5장(186쪽)에서 다루기로 한다. 여기서는 후자에 언급한 공부, 그러니까 새로운 것을 배우고 자신을 성장시키는 공부를 추천하려 한다.

나는 40대에 대만에 있는 대학원으로 유학도 갔고, 독학으로는 심리학과 어학을 배웠다. 어른의 공부는 정말 즐겁다. 궁금증이 드는 순간에는 스펀지에 물이 스며들 듯 다량의 지식이 마구 흡수되는데, 그동안의 경험과 얽혀 '그게 이거로구나!'라고 점과 점이 연결될 때는 더할 수 없이 짜릿하다.

어른이 되면 자신이 성장한다고 느끼기보다 퇴보한다고 느낄 때가 많다. 그런 와중에 **깊이 있게 이해하는 분야가 생기고, 발전을 느끼게 되면 기쁘기만 한 것이 아니라 자신감과 삶의 보람까지 솟는 기분이 든다.**

사실 아이들보다는 어른이 진짜 공부의 즐거움을 맛볼 수 있다. 그러니 '기억력이 나빠졌는데 뭘', '이 나이에 창피당할까 무섭다'라고 부정적으로 생각하는 사람이야말로 남과 비교하지 말고 자기 페이스로 공부를 즐기고, 자신이 발전하는 기쁨을 맛보면 좋겠다.

그리고 어른으로서 공부할 때는 '나는 어떤 삶을 살고 싶은가?'를 염두에 두었으면 한다. 지금의 나를 어디까지 발전시킬지 목적을 명확히 한다면 해낼 수 있는 일은 얼마든지 늘어난다. 그런 의미에서 현대에 태어난 우리는 얼마나 행운아인가? 학교나 학원에 다니지 않아도 인터넷과 책, 그 분야를 잘 아는 사람에게 물어보는 등 배울 방법이 무한하지 않은가?

세계 정세, 자연법칙, 인간 심리, 문학과 역사, 예술 등도 공부하면 할수록 삶의 재미가 느껴지고 대화의 깊이도 더해질 것이다. 이왕 공부할 거라면 관심 있는 분야를 가슴 설레면서 배우고, 죽을 때까지 온갖 것을 계속해서 배웠으면 좋겠다.

61

심신을 치유할
셀프 케어에 힘써라

|

자신을 지탱해 줄
기둥을 많이 만들자

우리가 하는 일은 우리의 몸과 마음을 건강하게 만들 수 있어야 한다. 그런데 날마다 업무나 집안일로 바쁘게 돌아다니고, 남들에게 신경을 쓰면서도 자기 자신의 피로와 스트레스는 모르는 척하는 사람이 있는 것 같다. 그렇게 살면 피로감이 쌓이고, 짜증이 나며, 결국에는 마음의 병을 앓을 수도 있다. 그렇게 되기 전에 매일 잠깐이라도 자기 몸과 마음의 목소리에 귀를 기울여 '셀프 케어'에 힘써야 한다.

여기서 말하는 '셀프 케어'란, 자신의 심신이 건강한 상태로 있을 수 있도록 보살피는 행위를 말한다. 예를 들어 수면 시간은 무슨 일이 있어도 지킨다, 스트레스 해소를 위해 하는 일이 있다, 아침에는 꼭 산책한다, 업무 시작 전 명상 시간을 갖는다, 식사는 배불리 한다, 스트레칭한다, 몸을 따뜻하게 한다 등 자신의 몸과 마음을 살뜰히 돌보는 사소한 방법은 누구나 몇 가지쯤 가지고 있을 것이다.

내가 건강을 위해 빼놓지 않는 일은 일어나자마자 체중 재기다. 몸무게의 증감을 확인하기만 해도 '오늘은 조금만 먹자', '게으름 피지 말고 운동하자'라고 자연스레 조심하게 된다. 또 목욕 중에 몸 전체를 살피고 사랑스럽게 마사지도 해준다. '오늘도 열심히 일해줘서 고맙다. 내일도 잘 부탁해'라고 내 몸에 감사하면 일상적으로 나 자신을 소중히 다루는 것이다.

생활 속에서 기분을 좋게 만들어 주는 것들도 의식적으로 챙긴다. 예를 들면 마음에 드는 음악, 좋아하는 책, 좋아하는 커피, 은은한 향기가 나는 핸드크림, 제철 꽃, 입욕제, 아로마 향초 등이다. 옷이나 소지품으로 기분을 좋게 만드는 사람도 있고, 차나 자전거를 타면서 기분 전환하는 사람도 있을 것이다.

어쨌든 '이렇게 하면 행복감을 느낄 수 있다'라는 대상이 많이 있을수록 짜증과 고민은 줄어든다. 취미와 공부, 자신을 지탱해 줄 무언가가 모자라기 때문에 타인에게 의존하고 술이나 쇼핑, 도박 등에 빠지는 법이다.

집에 있을 때 그리고 혼자 있을 때, 간단한 셀프 케어로 기분을 전환할 수 있는 습관을 들이면 지친 심신을 금방 회복시킬 수 있다.

62

혼자 살든 함께 살든, 요리는 할 줄 알아야 한다

|

쓸쓸함은 없애고
식탁은 풍성하게 채우자

혼자 사는 사람이든, 가족과 함께 사는 사람이든 기본적인 요리는 할 줄 알아야 한다. 왜냐하면 식사는 삶의 기초이며 스스로 자신을 지키는 행위이기 때문이다. 혼자 살아도 직접 만든 요리를 먹는 것과 외식이나 사 온 음식으로 때우는 것은 삶의 질이라는 측면에서 매우 다르다.

간단한 음식이라도 영양 균형을 고려한 따뜻한 음식을 제대로 담아서, 감사하는 마음으로 먹으면 심신이 온전하게 꽉 채워지는 느낌이 든다.

부모나 배우자가 해준다고 맡겨버리는 사람도 있지만, 청소나 빨래는 그렇다 치더라도 음식만큼은 스스로 어느 정도 할 줄 아는 것이 좋다. 아내가 아파서 누워있는데 귀가한 남편이 "내 밥은?" 하면서 자기 걱정부터 하더라는 웃지 못할 이야기가 실제로도 흔히 일어나고 있다.

자기 밥은 자기가 준비하는 것이 사람의 기본이다. 요리에 소질이 없다는 사람도 있지만, 대부분 귀찮아할 뿐이지 익숙해지기만 하면 된장국 정도는 10분도 안 걸리고 만들 수 있다. 그래서 요리에 눈을 뜨고 나서는 자신이 만든 음식을 먹는 재미에서 헤어나지 못하는 사람이 생기는 것이다.

몸 상태나 자기 활동에 맞는 음식을 먹기 위해서라도 요리는 남에게 맡기면 안 된다. 나는 요리 연구가인 친구의 조언으로 하루의 요리 패턴을 고정화한 뒤부터 조리 시간이 확 줄어들었다. **신선한 채소를 쓰면 간단한 조리법과 단순한 양념만으로도 충분히 훌륭한 맛을 낼 수 있다.** 또 일품요리라도 자신 있는 음식이 있으면 손님이 왔을 때 편하다. 다른 집에서 열리는 포틀럭 파티 때 준비해서 들고 갈 수도 있다.

음식을 먹는 행위는 살아있는 동안 매일 끊임없이 반복된다. 그러니 이왕이면 맛있는 음식을 먹고 싶은 것이 인지상정이다. 요리 프로그램이나 요리 동영상을 보는 것도 도움이 된다. 부디 '요리하면 즐겁고, 재미있고, 맛있다'라고 자신을 세뇌해 식탁을 풍성하게 꾸미기 바란다.

63

외로움을 즐기는 사람이
보람을 찾는 방법

|

자유롭게 하고 싶은 일을
하면서 즐겁게 살자

100세 시대라 불리는 요즘, 정년퇴직을 목전에 둔 사람들에게서 "삶의 보람을 찾고 싶은데 방법을 모르겠다"라고 한탄하는 소리를 자주 듣는다. 일에서 보람을 찾지 못하고, 결혼이나 연애에도 관심이 적은 젊은이들은 "삶의 보람이 뭔가요?"라고 묻기도 한다.

한 대학의 연구에서는 연봉이 높고 파트너가 있는 사람일수록 삶의 보람을 느낄 확률이 높고 사회와의 관계 속에서 행복감을 얻기 쉽다는 결과가 나왔다. 하지만 삶의 보람이란 그렇게 고차원적인 것은 아니라고 생각한다.

사람들이 보람을 얻기 어렵다고 생각하는 이유는 세상의 눈높이에 맞추느라 '남들이 좋아하고 인정하는 모습이어야 한다'라고 착각하기 때문이다. 그래서 무엇이 자신을 진정으로 기쁘게 하는지를 모르게 되는 것이다.

'삶의 보람을 느낀다'라는 말은 살아있음이 즐겁다는 말이며, 새로운 하루를 살아갈 생각만 해도 활기가 샘솟는 상태를 말한다. 외로운 사람도 삶의 보람을 찾을 수 있다. 어린아이가 잠들기 전 "오늘은 모래밭에서 성 쌓기 놀이가 재미있었어. 내일은 더 큰 성을 만들 거야"라고 말하는 것처럼 삶의 보람은 '나 홀로 놀이'에서도 찾을 수 있다.

온종일 낚시를 즐겨도 되고, 뜨개질에 빠져들어 찾을 수도 있다. 물론 일이나 공부, 스포츠, 사회공헌 활동 등을 삶의 보람으로 여기는 사람도 있을 것이다. 어디서 생기를 얻을지는 각자 다르며 스스로 정해야 한다.

주위의 압박에서 벗어나 홀로 자유롭게 하고 싶은 일을 하고 즐기려고 해야 삶의 보람을 찾기 쉽다. 또 그런 활동이 남을 기쁘게 할 수 있다면 보람은 더 커진다.

삶의 만족감은 에너지 음료를 마시듯이 밖에서부터 채워 넣을 수 있는 감정이 아니다. 하루하루 '아, 즐거웠다!', '오늘도 잘했다'라는 느낌이 진심에서 우러날 때 자기 안에서 채워지는 것이다. 그러한 삶의 보람을 찾은 사람은 쓸쓸할 시간도 없다.

외로운 시간 속에서 삶의 보람을 찾을 때, 우리는 즐거움뿐 아니라 강인함과 부드러움, 인생의 깊이까지 얻을 수 있다.

5장

혼자라서 외로운 사람,
혼자서도 행복한 사람

강해지지 않아도 된다, 가볍고 온화하고 유연하게 살자

'외로움을 직면하는 힘'은
즐겁게 사는 힘

|

혼자서도 행복하다는 것은
인생의 주도권을 쥔다는 것

주위를 둘러보면 혼자서도 행복한 사람이 있는가 하면, 혼자라서 외로운 사람이 있는데 안타깝게도 후자가 더 많은 것 같다.

차이점은 단순하다. 스스로 외로움을 선택하는지, 외로움을 싫어하는지 하는 점이다. 외로움을 싫어하는 사람은 쓸쓸함, 소외감, 불안감, 창피함 등 괴로운 감정을 회피하려 하기에 일단은 타인과 어울리거나, 타인을 따르거나, 타인에게 맞추고 안심하려 한다.

하지만 두말할 필요 없이 '누군가와 함께 있는데도 외로운' 상태야말로 힘들고, 괴롭고, 허무해서 득이 될 일이 없다.

또 '외로움은 즐거움의 반대 감정'이라는 부정적인 생각으로 인해 혼자서는 움직이지 못하는 사람도 있다. 혼자서는 할 일이 없고, 할 일이 있다고 해도 게임이나 스마트폰 만지작거리기밖에 없다는 사람도 외로움을 회피하고 있을 가능성이 크다.

사람과 사람의 관계가 약해지고, 비혼이 늘어나며, 코로나가 유행하는 등 생활 양식의 변화로 인해 우리 대부분은 인생의 특정 시기를 어쩔 수 없이 혼자 보내야 한다.

그렇기에 외로움에 내몰리더라도 '나 혼자서 할 수 있는 일이 있다. 이왕이면 이 시간을 즐기자'라며 적극적으로 혼자인 시간을 즐겨야 한다. 애초에 인간에게는 혼자일 때만 느낄 수 있는 기쁨과 그 속에서만 끌어낼 수 있는 힘이 있다. 그러니 **'외로움을 즐기는 자가 승자'**인 것이다.

외로움을 즐긴다는 것은 자기 삶의 주도권을 쥐는 것이다. 외로움을 즐기는 사람은 하고 싶은 일을 마음껏 즐기기에 혼자 있어도 쓸쓸해하지 않는다. **스스로 자신을 채울 힘이 있어서 남에게 의지하지 않아도 되는 것이다.**

5장에서는 혼자서도 행복한 사람은 어떤 마음가짐으로 사는지, 혼자라서 외로운 사람은 어떤 문제를 해결해야 하는지 함께 생각해 보기로 한다.

65

마음 가는 대로
살아갈 환경을 만들어 두자

|

자유롭게 '시간, 장소, 인간관계'를
고르는 것은 최고의 사치다

나는 내가 하고 싶은 바를 즐기는 것이야말로 인생 최대의 기쁨이라 생각한다. 그리고 하고 싶은 일은 즉시 또는 가능한 한 빨리 해 버리려 한다. 왜냐하면 '시간이 없다', '돈이 없다'라고 변명하며 미루다 보면 금세 불가능한 일이 되고 말기 때문이다.

그래서 이러한 사실을 분명하게 자각한 순간부터는 마음 가는 대로 살 수 있도록 '외롭게 살자', '적게 가지자'라고 결심하고 실행해 왔다.

무언가에 묶여 있으면 홀가분하게 움직이기 어려운 법이다. 예를 들어 '회사에서 살아남아야 해', '가족과 헤어질 수 없어', '사회적으로 인정받아야지', '집을 사야 해', '나이가 들어도 저축을 멈추면 안 돼'라는 생각은 우리를 자유롭지 못하게 만든다. 하지만 우리는 아무것도 하지 않아도 되고, 무엇이든 해도 된다.

나이가 들수록 무언가에 속박당해 꼼짝도 못 하는 사람이 많은 것 같다. 더군다나 돈이나 건강에 대한 불안감이 생기면 더 이상 할 수 있는 일이 없을 것 같은 생각도 든다. 특히 오랜 시간 집과 회사만 오가며 살아온 사람들은 정년 후 설 자리가 없어 '할 일이 없구나', '인정할 수 없어', '새로운 관계를 맺고 싶은데 그럴 수 있을까?' 하는 생각에 쓸쓸함에서 벗어나지 못하는 예도 많다. 또한 경제적으로 자립하지 못해 여러모로 발목이 잡히는 예도 있다.

그러니 가급적 이른 시기부터 마음 가는 대로 살 수 있는 환경을 만들어 두어야 한다. **최소한의 벌이 수단을 마련해 두고, 적은 돈과 물건으로도 살 수 있게 준비해 두며, 그 무엇에도 방해받지 않고 가능한 한 '시간·장소·인간관계'를 자기 뜻대로 고를 수 있게 해 두는 등** 혼자서도 잘 움직일 수 있도록 해 두면 오히려 행동반경은 커진다.

인생 후반부는 좋은 의미에서든 나쁜 의미에서든 자기 마음이 어디로 가는지에 주목하게 되어 있다. 마음이 쏠리는 곳이 있다면 그 마음을 스스로 채우기 위해 혼자 움직이고, 혼자서도 관계를 맺고, 혼자 즐길 수 있는 상태로 만들어 두는 것이 좋다는 것이다.

66

혼자라서 외로운 사람 ①

허세 부리기
좋아한다

|

자신을 지키려는 행동이
오히려 상처가 된다

혼자서도 행복한 사람과 혼자라서 외로운 사람은 그 성질이나 행동 등에 일정 패턴이 있다. 여기서부터는 혼자라서 외로운 사람의 패턴과 그들의 마음을 건강하게 만들 힌트를 이야기해 보려 한다.

혼자라서 외로운 사람의 첫 번째 특징은 '허세 부리기 좋아한다'라는 점이다. 예를 들어 무리해서 비싼 옷을 입는 사람, SNS에서 지나치게 돋보이려고 애쓰는 사람, 자신의 직급이나 과거의 영광을 자랑하는 사람, 아는 체하는 사람 등이다.

자신을 과장하는 행위는 콤플렉스나 자신감 결여의 증거다. 있는 모습 그대로의 자기 자신이 부족하다고 느끼기 때문에 허세라는 '갑옷'을 두르고 자신을 지키는 것이다. 이래서는 타인과 관계를 맺기 위해 허세까지 부리고도 겉핥기식 관계에 그치게 된다. 결국 주변 사람에게 마음을 열지 못해 외롭고, 남들이 인정해 주지 않아서 외로우며, 그렇게 애쓰는데도 원하는 대로 되지 않아서 외로우니 사실은 자신에게 상처만 입히는 꼴이다.

이런 사람들은 자존심이 강한 탓에 '부족한 사람'으로 평가받고 싶어 하지 않다 보니 쉽게 쓸쓸함을 느낀다. 싫은 소리를 듣거나 실패했을 때, 재기할 수 없을 정도의 상처를 입는 것도 남의 평가에 의지해서 살기 때문이다.

쓸데없는 자존심이 없고 싫은 소리를 들어도 괜찮다고 생각하는 사람은 '그게 나야'라고 현실의 자신을 시원하게 인정하므로 자신을 꾸미면서까지 좋은 평가를 받으려 하지 않는다.

좋은 평가를 받고 싶어 하는 욕구는 많든 적든 누구나 품기 마련이다. 나는 그런 욕구가 과해지지 않도록 늘 '지금 내 마음은 자의식 과잉이다. 남들은 내게 크게 신경 쓰지 않는다'라고 자신을 타이른다. 약점이 창피하다고 해서 덮어서 감추고 근사하게 꾸며본들 나중에 치장이 벗겨져서 '별거 아니네!'라는 평가를 받는 쪽이 훨씬 창피한 일 아닌가?

자연스럽게 내 모습을 그대로 보여주면 남의 눈치를 볼 필요도 없고, 사람들의 약점이나 결점에도 너그러워진다. 그래야 남의 평가를 통해 얻는 '자존심'이 아니라, 누가 뭐라고 하든 '나는 지금의 내가 좋다'라는 건강한 '자존감'을 단단히 품을 수 있게 될 것이다.

67

혼자라서 외로운 사람 ②

불행을 과장하며
'비극의 주인공'이 되려 한다

|

이왕이면 '희극의 주인공'이 되어
웃어넘기자

자기 행복을 자랑하기 좋아하는 사람은 쉽게 외로움을 느낀다
고 한다. 그런데 불행을 과장하며 '비극의 주인공'임을 강조하는
사람도 끊임없이 외로움과 싸우게 된다. 눈물을 흘리면서 "예전
에 따돌림을 당한 적이 있거든……", "사귀던 사람이 문제 있는
사람이었어……", "회사가 야근 수당도 없이 일을 시키는 바람
에……" 등 비극적인 경험담을 입에 달고 사는 사람이 있다. 인
생이 비참하기만 한 것은 아닌데도 말이다.

그저 '사람들이 내게 신경을 써 주면 좋겠다', '나를 위로해 주
면 좋겠다'라는 생각에서 비극을 떠벌리는 것뿐이다. 탓할 무언
가를 내세워 자신을 정당화하고 싶은 마음도 있을 것이다. 하지
만 그런 '어리광'을 좋아할 사람은 없다. 이에 '다들 차갑게 외면
하네'라고 한탄하거나, 동정해 주는 사람이 있으면 필요 이상으

로 의존하게 된다.

나는 사람들이 보기에 상당히 힘든 일이 있어도 우스갯소리로 웃어넘기는 사람이야말로 대단하다고 생각한다. 한바탕 크게 웃으며 마치 '코미디의 주인공'처럼 농담을 던질 수 있는 이유는 한발 물러나 객관적으로 자신의 상황을 볼 수 있어서다. 그리고 정신적으로 자립했기 때문이다.

언뜻 보기에 비참한 상황을 농담을 섞어 표현할 수 있다는 것은 '최악의 불행으로 치닫지 않겠다', '어떻게든 상황을 반전시키겠다'라는 긍정적인 결심이 전제되어 있기 때문이다.

내가 가난을 즐길 수 있었던 것도 그 가난이 지속되지 않으리라고 생각했기 때문이다. '하루 500엔으로 버틸 방법을 짜보자', '굳이 돈 많이 드는 곳에 가지 않아도 즐겁게 사는 데는 문제 없잖아', '이 상황만 벗어나면 분명 주머니도 두둑해지고 즐거워질 거야'라며 통쾌한 반전 드라마를 떠올리곤 했다. 현실적인 해결책에 열중하면 쓸쓸할 틈도 없는 법이다.

자신을 불행하게 만드는 사람은 누구인가? 행복하게 만들 사람은 또 누구일까?

그렇다. 나 자신밖에 없다.

68

혼자라서 외로운 사람 ③

'난 못 해, 안 돼'를
입에 달고 산다

삶을 개척하는 사람은
외로울 틈이 없다

'내가 리더를 맡으라고? 못 해, 못 해', '저 사람은 재능이 있어
좋겠다. 나 같은 사람은 절대 못 할 거야', '이 나이에는 새로운
일에 도전하기 어려워' 등 해 보지도 않고 무조건 '난 못 해, 안
돼'라고 단정 짓는 사람이 있다.

정말 못 하는 게 아니라 '못 하는 사람'으로 남아 있는 것이 편
한 것이다. 불가능한 일로 만들어 놓으면 실패로 인한 타격을 입
을 일도 없을 뿐 아니라 처음부터 안 해도 되기 때문이다. 그런
사람들은 도전하지 않으며, 도전한다고 하더라도 처음부터 불가
능을 전제로 삼기에 "이것 봐. 역시 안 되잖아"라고 말할 확률이
높다.

물론 하기 싫은 일은 하지 않아도 되지만, 흥미 있는 일이나
해 보면 재미있겠다 싶은 일을 만났는데도 평소 버릇대로 '못

해, 안 돼'라고 단정 짓는 행위는 얼마나 시시한가?

'나는 안 해'라고 단정하는 사람은 변화를 싫어하기에 좁은 세상으로 움츠러들기 쉽다. 그리고 수동형으로 살기에 불만을 품기 쉽고 외로움을 느끼기 쉽다.

반대로 '나도 어쩌면 할 수 있지 않을까?'라고 생각하고 도전하는 사람은 스스로 변화하기 바빠서 외로울 틈이 없다. 그저 해 보고 싶어서 하는 일이기에 설령 결과가 좋지 않아도 후회가 없는 것이다.

나의 지인 중에는 어른이 되고 난 뒤에 꾸준히 공부해서 여러 언어를 구사하고, 대학 강사, 화과자 제조, 의류 바이어 등에 줄줄이 도전하는 사람이 있다. 얼마 전부터는 자택의 대규모 리모델링 공사에 도전 중이다. 혼자 천장과 벽에 페인트를 칠한다더니 어느새 멋들어진 다다미식 원룸을 만들었다고 한다. 그리고는 "당연히 힘들지. 그런데 완성하고 나면 얼마나 좋은지 모르지? 조금씩 내 이상에 가까워지는 과정이 정말 즐거워"라고 말했다. 늘 도전을 즐기는 그녀에게는 자연히 도와주는 사람들이 따르기에 '외롭다'라는 말도 하지 않는다.

자신의 힘을 믿고 도전하는 것은 살면서 누릴 수 있는 최대의 기쁨이다. '나도 할 수 있을지 모른다'라는 생각으로 쉬운 일부터 도전해 보면 좋지 않을까?

69

혼자라서 외로운 사람 ④

떠도는 소문에
관심이 많다

자기 활동이 늘어나면
남 일에 신경 쓸 여유가 없다

가끔 '이 사람은 남의 소문에 관심이 많구나' 싶은 사람을 본다. 남성이든 여성이든 "그 회사 사장, 차를 또 바꿨대", "이 사람 알죠? 자기 대학 동기 중에서……", "그 집 아들, 이번에 대학 떨어졌대", "부장님 내년에 퇴직한다던데" 같은 남의 사적인 이야기를 자주 입에 올리는 사람들이다. 개중에는 험담으로 이어지는 이야기도 있다.

나는 마주 앉은 사람의 이야기를 듣고 싶어서 "요즘 어디에 관심이 있어요?", "이 주제에 대해서 어떻게 생각해?"라고 질문하는데, 이야기가 남의 소문으로 흘러가면 조금 당황스럽다. 좋게 생각해서, 서비스 정신을 발휘해 정보를 제공해주니 고맙다고 해야 할지…….

그들은 늘 주위 인간관계를 생각하기 때문에 의식하지 않아도 그 속에서 자기 위치를 확인하게 된다. 또 주위와의 관계나 주위 사람들의 평가를 통해 자기 가치도 결정하기 때문에 열등감이나 소외감을 느끼는 예도 많다.

한편, 비슷한 환경에 놓여도 남에 대해 거의 이야기하지 않는 사람도 있다. 자기 일에 전념하면 된다고 생각하기 때문에 남의 일에는 관심이 없는 것이다.

과거 나는 《50부터는 성공도 실패도 없다》라는 책에서 "50세부터는 조직 안의 자신이 아닌 '그저 한 인간'으로 살면서 타인과 연결되는 것이 좋다"라고 쓴 적이 있다. 그 글을 읽은 한 독자는 이런 메시지를 보내왔다.

"예전에 대학 병원 의사로 일했습니다. 파벌과 상하 관계에 신경 써야 하는 일상에 염증을 느껴 지금은 산촌에서 지역 의료에 매진하고 있습니다. 그저 한 인간으로서 낚시하고 마을 축제에 힘을 보태다 보면 어깨에 힘줄 필요도 없어 기분이 좋습니다."

'그저 한 인간'으로 활동하는 시간이 늘어나고, 주위와 평등한 환경에 놓이면 자연히 주변에 신경 쓸 필요가 없어지는 법이다.

그래도 만약 남 이야기가 하고 싶어지면, '나, 자꾸 신경 쓰네. 그래, 이러다 말겠지'라고 일단은 자신의 기분을 인정하고 편안하게 생각하면 좋을 것 같다.

70

혼자라서 외로운 사람 ⑤

주위 분위기에
휩쓸린다

분위기를 읽지 말라는 것이 아니라,
분위기를 읽고 스스로 정하라는 것

"끝없이 주변 분위기를 읽어야 하는 환경에 지쳐 결국은 나만
의 세계에 숨게 되었어요"라고 토로한 젊은이가 있었다. 그는 그
간의 고민을 이렇게 털어났다.

"회의 시간에는 쓸데없는 말을 하면 안 되고, 상사가 기분 나
쁠 때는 말을 걸면 안 되고, 회식 자리에서는 재미없어도 웃어야
하고, 분위기가 고조되면 2차에도 참석해야 하죠. 주변 눈치를
보다 보니 에너지가 고갈된 느낌이에요. 굳이 눈치를 봐야 하나,
분위기를 읽어야 하나 의문이 들었어요."

분위기를 읽지 않으려 해도 성격 탓에 무의식적으로 주변 분
위기를 읽고 반응하는 사람도 있다. 나도 그런 성격이라 에너
지가 고갈되는 기분을 잘 안다. 하지만 혼자서도 행복한 사람은
'분위기를 읽지 않는' 것이 아니라, '분위기를 읽은 뒤 그 분위기

에 맞출지 말지를 스스로 정하는' 사람이다.

이에 반해 혼자라서 외로운 사람은 '분위기를 읽고 그에 휩쓸리고' 만다. 혼자서도 행복한 사람은 회의 석상에서 자신만 혼자 의견이 달라도 '이 점은 언급하는 것이 좋겠다'라고 판단했을 때는 자신 있게 의견을 밝힌다. 상사의 심기가 나쁘다면 대개는 참겠지만, 급한 일이라면 간략하게라도 전달할 것이다.

술자리가 지루하다고 느끼면 화제를 바꾸고, 분위기가 고조되어 2차에 가는 분위기라면 가고 싶으면 가고 가기 싫으면 가지 않는 등 **자기 기분이나 사정을 축으로 삼아 결정을 내리는 것**이다. 참고 무리해서 맞추면 스트레스만 쌓인다. 사실 부정적인 감정을 품고 무리 속에 어울려 본들 상대에게도 좋을 것이 없다.

'분위기 파악'은 긍정적일 때는 배려가 되지만, 분위기를 파악했다는 생각이 착각일 수도 있으니 과신하지 말아야 한다.

주위 분위기를 파악했으면서도 자기 뜻대로 밀어붙이는 행동이 외로울 수는 있다. 때로는 용기가 필요할 때도 있다. 하지만 '상대를 이해하고, 동시에 자신도 이해하면서 자기 처신은 자신이 결정하는' 자세는 삶의 기본이다. 그 길이야말로 가장 승률이 높고 만족스러운 길이다.

71

혼자라서 외로운 사람 ⑥

헤아려 주기를 바라며
불평만 한다

|

불평은 말로 요구하지 못하는
본인의 문제다

남녀를 불문하고 '해줄 줄 알았는데……', '말하지 않으면 몰라?'라는 식으로 상대가 자신을 헤아려 주지 않음을 언짢게 여기는 사람이 있다. 마음대로 기대하고, 마음대로 실망하는 사람들이다. 이들은 늘 외롭다고 짜증을 내고, 불안해한다.

또 '왜 헤아려 주지 않는지'를 따지며 상대에게 책임을 떠넘기는 경향이 있다. 그런데 '헤아려 주지 않는다'라는 불만은 말로 요구하지 못하는 그 사람의 문제다.

예를 들어 직장에서 "이렇게 몸이 아픈데, 상사는 어째서 나한테 신규 업무를 배당하는 거야?"라고 불평하는 사람이 있다. 자기 몸은 스스로 지켜야 한다. 그러니 "오늘은 몸이 좋지 않아서 신규 업무는 어렵겠습니다"라고 분명하게 요청하지 않으면 상사로서는 알 길이 없다.

최근에는 스마트폰으로 SNS 등을 이용한 문자 대화가 많아지다 보니 상대의 배려를 받기가 어려워졌다며 외롭다는 사람도 많은 것 같다.

어떤 여성은 결혼 정보 회사를 통해 만난 남성이 데이트 신청을 해주기를 바라면서 "내일은 휴일이네요"라고 메시지를 보냈다가 "그러게요"라는 답만 받고 대화가 끝났다고 한다. 이에 처음에는 '날 피하는 건가?'라는 생각이 들면서 불안감이 덮쳤는데, 갈수록 '데이트 신청은 남자가 하는 거잖아!' 쪽으로 생각이 발전하면서 화가 치밀었다고 했다.

이 경우도 거절당하고 상처받기 싫다는 생각으로 인해 소통이 부실했기 때문에 일어난 일이다. '휴일인데 어디 놀러 가지 않을래요?'라고 물었어야 했다는 말이다. **SNS는 표정과 목소리를 파악할 수 없는 상태로 소통하기에 그만큼 상대가 어떻게 받아들일지를 상상해서 세심하게 전달할 필요가 있다.**

'남자(여자)라면 이래야 한다', '상사라면 저래야 한다'라는 단정도 외로움을 낳는 요인이다. '상대가 어떤 반응을 보여도 이상하지 않아'라고 생각해야 재미있게 바라볼 여유도 생긴다.

동료나 가족, 연인 등 가까운 사람일수록 '말하지 않아도 알아줄 것'이라고 착각하고 짜증을 내거나 문제를 제기하는 예가 많다. 자기 마음이 잘 전달되고 있는지를 늘 상대편에 서서 생각하도록 하자.

72

혼자라서 외로운 사람 ⑦

정보의 홍수에 휘둘려
난리를 피운다

혼자서도 행복한 사람은
'큰일이 일어나지 않음'을 알고 있다

혼자라서 외로운 사람은 다양한 매체의 정보나 남의 말을 곧이곧대로 믿고 불안해하는 경향이 있다. 자신만 뒤처질까 두려운 마음에 '늙어서 돈이 없으면 비참하다', '사람들과 연결되어 있지 않으면 고독사한다'라고 난리를 피우는 것이다.

위기감을 가질 수는 있다. 하지만 '1' 정도의 리스크를 '10' 정도로 받아들이면 공포심만 커질 뿐 적절한 행동을 할 수 없다.

혼자서도 행복한 사람은 '정보 받아들이기'와 '행동하기' 사이에 멈춰서서 '일단 자기 머리로 따져보는' 작업을 한다. 감정에 지배되어 소란을 피우는 것이 아니라, 순간적으로 '또 다른 나'를 움직여서 '잠깐! 정말 그럴까?', '그 정보, 뭔가 수상한 의도는 없나?', '애초에 그 정보가 필요한가?'를 따진 뒤에 행동하므로 좀 더 합리적인 판단과 행동을 할 수 있는 것이다.

혼자서도 행복한 사람이 침착해 보이는 이유는 혼자 따져보는 작업을 반복하는 사이 '모든 정보가 옳다고 할 수는 없다', '그리 큰일은 일어나지 않는다'라는 사실을 무의식적으로 체득했기 때문이다.

인터넷에 돌아다니는 '한 달 수익 백만 엔!', '즉시 10kg 감량!' 같은 상술에 속는 사람들은 객관적으로 생각하지 못하기 때문에 교활한 사람들의 먹잇감이 되기 쉽다. 그런 사람은 '전문가의 말이니까', '인터넷에서 인기인이 말했으니까' 하면서 맹신하는 경향이 있다.

자신이 접한 정보에 대해 진실인지 의문을 품고, 전체를 내려다보며, 반대쪽 정보와 다양한 정보까지 접하면서 세심하게 조사하는 등 과신해서는 안 된다.

자기 머리로 따져보는 작업은 '내 인생의 운전대는 내가 잡는다'라는 책임감에서 나오는 행위이며, 쉽게 불행해지지 않기 위해 지성을 연마하는 행위임을 잊지 말자.

73

혼자서도 행복한 사람 ①

좋아하는 일을
쉬엄쉬엄한다

|

좋아한다고 과하게 빠져들면
불행한 말로를 맞는다

이쯤 되면 '혼자라서 외로운 사람'은 외로움이나 불안감을 피해 무언가에 매달리고, 그 과정에서 한층 더 외로워지는 패턴을 보인다는 사실을 이해했을 것이다. 지금부터는 '혼자서도 행복한 사람'들이 평소 어떤 생각, 어떤 행동을 하는지 살펴보자.

'혼자를 즐긴다'라고 하면 혼자서 자유롭게 좋아하는 일을 하고 싶은 만큼 한다는 것으로 받아들일 수 있지만, 사실은 그렇지 않다. 예를 들어 고령인데도 혼자인 삶을 즐기는 사람은 무슨 일이든 힘들지 않을 정도로만 한다. 그래야 생활에 긴장감도 있고, 즐거움도 있는 것이다.

자유란, 단순히 '제멋대로' 행동한다는 의미가 아니다. '자율'이 뒷받침되어야 한다. '난 달콤한 음식을 좋아하니까 마음껏 먹자', '파친코도 맘대로 즐기지, 뭐', '사고 싶은 건 다 사자'라고 욕망을 끝없이 좇으면 불행한 말로를 걷게 된다.

나는 규칙적인 생활은 익숙하지 않지만, 그래도 매일 자신을 다스리는 습관은 여럿 있다. 스스로 정한 것을 빠뜨리지 않고 계속 실천하기는 의외로 힘든 일이다. 누가 잔소리를 하는 것도 아니기에 얼마든지 나태해질 수 있다. 그래서 기본적으로 '좋아하는 일', '하고 싶은 일'이 있어야 한다. 그 일을 함으로써 기쁨을 느낄 수 있다면 자신을 다스리는 일은 전혀 어렵지 않다.

또 하나, 나는 나 자신을 다스리기 위해서 뭐든 '쉬엄쉬엄'하려고 한다. 달콤한 음식은 자제하지만, 하루에 한 번은 허용한다. 일을 할 때는 번아웃 증후군에 걸리지 않도록 조금은 힘을 남긴다. 혼자가 좋지만, 누군가와 함께 있는 시간도 소중하게 여긴다. 사이 좋은 친구라도 예의를 차리고, 강요하지 않는다. **뭐든 너무 과하지 않고, 너무 모자라지 않은 '딱 좋은 선'을 찾아야 좋아하는 일을 계속 좋아할 수 있다.**

자유만으로는 행복해질 수 없다. 자율이 있어야 비로소 자유를 구가할 수 있다.

74

혼자서도 행복한 사람 ②

편한지보다 즐거운지에
무게중심을 둔다

|

결국 즐거워야 보람도 있고
지속할 수 있다

혼자서도 행복한 사람들은 언제든지 눈앞의 일을 즐기려고 한다. 다시 말해 즐거운 일을 하거나, 하는 일을 즐기는 것이다. 설사 의무적으로 하는 일이라도 나름대로 궁리해서 즐거움과 기쁨을 찾으려 한다.

사람은 진심으로 '하고 싶은' 일을 할 때는 아무리 힘들어도 힘든 줄 모르기에 외로움이나 불안감을 느끼지 못한다.

취업이나 이직, 노후에 할 일에 관해 이야기를 나눠 보면, 흔히 '편하면서 연봉이 높은 일이 좋다', '편하면서도 남 보기에 번듯한 직함이 있으면 좋겠다'라고 말하는 사람이 있다.

솔직히 나도 20대 때는 그렇게 생각한 적이 있었다. 하지만 편한 일은 연봉이 높을 수 없다. '편한 일'을 찾는 순간부터 사람은 수동적인 자세를 취하게 되고, 남의 힘에 기대려는 의도가 생기므로 '연봉이 많지 않다', '나를 좋게 평가해 주지 않는다'라는 서운함은 당연히 따라붙게 된다.

나는 50개 이상의 직종을 경험하고 나서 종착점에 도착했다. 한번 시작하면 시간 가는 줄 모르고 빠져드는 '글쓰기'였다. 주간지 작가 시절에는 최저임금보다 낮은 급여에 만족해야 했다. 그래도 지속할 수 있었던 것은 나를 찾아주는 사람 덕에 '내가 하고 싶은 일을 하고 있다'라는 만족감과 미래에 대한 희망이 있었기 때문이다. 나름대로는 '즐겼던' 것이다.

최근 아르바이트로 생계를 이어가던 20대 지인이 '자전거로 세계 일주'라는 도전을 시작했다. 원래 자전거를 좋아하던 사람이었다. 취업이나 유학을 목표로 삼을 수도 있었지만, '현재의 자신만이 할 수 있는 일'을 해 보고 싶었다고 했다.

사람들은 보람 있는 일, 자기 자신을 칭찬할 만한 일을 하고 싶어 한다. 보람이나 자기 자신에 대한 칭찬은 '편한 일'을 찾아다녀서는 결코 얻을 수 없다.

1977년에 작고한 작가이자 승려인 곤 도코 씨는 '삶이란 저승 가는 날까지 심심풀이 소일하기'라고 말했다. 이왕이면 하루하루를 즐기고, 마지막 순간에 "아, 즐거웠다!"라고 말할 수 있는 최고의 소일거리를 찾아야 하지 않을까?

75

혼자서도 행복한 사람 ③

남과 다른 점을 긍정적으로 바라본다

|

서로 다름을 인정하면
모두를 따뜻하게 바라볼 수 있다

남들과 다르지만, 오히려 달라서 좋다는 사실을 깨달으면 외롭지 않다. '남과 같아야 한다', '주위 사람한테 맞춰야 한다'라고 생각하기에 외로운 것이다.

50대 지인이 영어 회화 수업에 갔더니 자신을 제외한 나머지 네 명이 모두 20대였다고 한다. 처음에는 불편하고, 기억력도 나빠 그만둘 고민을 했다고 한다. 그런데 둘러보니 다들 불안해하는 것 같았다고 했다. 그래서 맏언니인 자신이 그들을 보듬어 주겠다고 마음먹고 자청해서 적극적으로 말을 걸고, 격려하면서 모두의 엄마 같은 존재가 되었다. 결국 수업 동료들로부터 "언니 덕분에 계속 다닐 수 있었어요"라는 말을 들었다.

'사람들은 이질적인 나를 어떻게 볼까?'라고 생각하지 말고 '이질적인 내가 할 수 있는 일은 무엇일까?'라고 생각해야 외로움이 사라진다.

새로운 장소에 등장할 때는 누구나 '신입'이고 이질적인 존재다. 소외감이 느껴지기에 빠르게 그 자리에 녹아들어야 한다는 초조감이 생길 수도 있다.

그런데 신입의 입장을 즐겨보는 것은 어떨까? '이곳은 어떤 곳인가?', '어떤 사람들이 있나?', '사람들은 어떤 관계를 맺는가?'라며 탐정 드라마를 보듯 즐겁게 바라보는 것이다. 잘 모른다고 해서 싫은 소리를 듣더라도 "그럼, 좀 가르쳐 주시겠어요?"라고 당당하면 물으면 된다. 신입으로서 새로운 것을 익혀가는 단계도 즐겁지 않은가?

혼자서도 행복한 사람은 언뜻 보기에 콤플렉스로 보일 만한 차이점도 특기로 바꾸어 버린다. 나의 지인 중 한 명은 가정 형편 탓에 중학교 밖에 나오지 못했는데, 지금은 배움이 적었던 덕에 모든 일에 관심이 간다고 한다. 대졸이 많은 회사에서 영업 실적 1위를 달성하자 주위 사람들이 입을 모아 "대단하다, 노력하는 모습을 존경한다"라고 칭찬했다고 한다.

결점으로 여겨지는 점이 의외로 긍정적인 영향을 줄 때가 많다. '남들과 다른 자신'을 인정하고 나면, 세상 사람 모두에게 외모, 나이, 태생, 성적 정체성, 성격, 취미 등 무언가 하나는 결점이 있음을 알게 된다. '사람은 저마다 다르다'라는 사실을 전제로 살면, 자신을 포함한 모두를 따뜻한 눈으로 바라볼 수 있을 것이다.

76

혼자서도 행복한 사람 ④

회색은 회색대로 좋은 것이니 흑백을 나눌 필요가 없다

|

단점이 있어도 사람은 싫어하지 않아야
연결될 기회가 있다

혼자서도 행복하게 살아가려면 '흑백 사고'에 빠지지 않아야 한다. 흑백 사고란 모든 것을 '선과 악', '적과 아군', '호불호' 등 양극으로 나누고, 모호한 상황을 좀처럼 인정하지 못하는 사고 습관이다.

인간에게는 모르는 것을 알고 싶은 욕구, 사고보다는 감정에 지배되는 성질이 있다. 흑백 사고가 강한 사람은 한 가지 신경 쓰이는 점이 보이면 '믿었는데, 그 사람 너무해', '틀림없이 나를 싫어하는 거야' 등으로 생각을 키워 모든 것을 '흑'으로 돌린다. 그리하여 외로움에 빠지고 삶이 힘들어진다.

'세상일은 흑백으로 나눌 수 없다. 회색은 회색대로 좋다'라는 '회색 사고'로 생각해야 자신을 포함한 모두를 따뜻한 시선으로 볼 수 있다.

나는 타인에 대해 '말투에 문제가 있구나', '제멋대로구나' 등 단점이 보여도 사람까지는 싫어하지 않는다. 왜냐하면 세상에 완벽한 사람은 없으며, 누구에게나 존경할 만한 점과 사랑할 만한 점이 있기 때문이다.

혼자서도 행복하려면 '그런 점도 있구나' 하는 정도로 받아들이고, 그 누구와도 필요할 때 관계를 맺고 상부상조할 여지를 남겨두어야 한다. 무엇보다 '싫은 사람', '나쁜 사람'을 만들지 않아야 정신 건강에 좋을 것이다.

흑백 사고는 조직이나 상황에 대해서도 발동한다. 관리직 연한이 끝나 부장에서 평사원으로 돌아간 남성이 있었다. 관리직에서 내려오자 '관리직에서 평사원으로 돌아가라는 제도와 회사가 가혹하다', '나는 이제 쓸모없는 사람이다'라는 생각에 빠져 사표를 던지기 직전까지 갔다.

그러던 중 문득 '그런데 이게 나쁜 일인가? 대단한 일을 하지 않아도 월급을 받을 수 있으니 어찌 보면 행운이 아닌가?' 하는 생각이 들었다고 한다. 그래서 정년퇴직 때까지 재취업 준비를 하기로 했다는 것이다.

자기 생각이 정말 맞는지 의심하는 과정이 있어야 흑백 사고에서 벗어날 수 있다. 세상일에는 '좋은 점과 나쁜 점이 공존한다', '앞으로는 어떻게 될지 모른다'라고 중립적으로 생각하면 한순간에 좋은 방향으로 생각이 전환될 수도 있다.

77

혼자서도 행복한 사람 ⑤

안정보다
유연한 변화를 즐긴다

|

인생은 줄거리 없는 소설이니
하루하루 열심히 써야 한다

해외에 거주하는 작가들과 인터넷을 통해 이런저런 이야기를
나눌 때가 있다. 10여 년 전까지만 해도 이런 이야기가 많았다.

"취업하고, 결혼해야 편하게 살 수 있다는 분위기는 사회가 안
정돼 있다는 증거다. 해외에서는 언제 실직할지 모르고, 결혼 생
활도 지속하는 사람이 드물어서 몇 가지 길을 정해 놓고 그때그
때 대처할 수밖에 없다."

그랬는데 요즘은 '우리 사회도 앞으로 어떻게 될지 모른다'라
는 이야기로 바뀌었다. 지진 재해나 팬데믹을 겪으면서 변화한
사회 분위기를 해외에서 봐도 알 수 있을 정도라는 말이다.

이제는 10년 후, 20년 후, 노후까지 미리 걱정하고 완벽히 준
비한다고 해서 계획대로 되지 않을 것 같다. 대기업에서도 갑자
기 무슨 일이 일어날지 모르는 시대이며 개인적으로도 질병이나

사고, 고령 가족 간병 등 상황이 변화하는 경우가 매우 많다.

만일을 생각하되 준비가 불완전하더라도 그때, 그 장소에서 '무엇을 할 수 있을지'를 따져서 대처하면 된다.

무서워할 일이 아니다. 나는 직업도 여러 번 바꾸었고, 돈도 많이 잃어 본 경험이 있다. 그런 경험에서 볼 때, 까다롭게 고르지만 않으면 할 일은 얼마든지 널려 있다. 일이 없다 해도 사회 보장 제도나 자선 사업의 도움을 받으면 굶어 죽지는 않는다.

그러니 몇 가지 길을 생각해 놓고, '우선 1년은 여기에 집중하자'라고 단기 목적에 치중하는 것은 어떨까? 1년만 지나면 그 시기의 과제가 눈에 보일 것이다.

앞날을 모르면 두려운 것이 아니라 오히려 모르기에 재미있는 것이다. 줄거리를 다 아는 소설은 읽는 재미가 없다. '어떻게 전개될지 모르는 소설'을 두근거리는 마음으로 읽어야 빠져들어 즐길 수 있는 법이다.

오랜만에 친구를 만났다고 생각해 보자. 몇 년 사이라면 큰 변화가 없겠지만, 10년 정도 지나서 만나면 이직, 승진, 창업, 결혼, 출산, 질병 등 변화 없는 사람이 없을 것이다. 그 어떤 변화를 겪더라도 비관하지 않고 즐기려는 사람이 멋진 내일을 만들어 간다는 점을 명심하자.

78

혼자서도 행복한 사람 ⑥

하고 싶은 일은
일단 하고 본다

|

머리가 아닌 몸으로 살며
경험으로 감성을 단련하자

혼자서도 행복한 사람들은 관심 있는 일은 '일단 해 보기'를 중요하게 생각한다. 왜냐하면 그것이 '자신을 행복하게 하는 길'이라는 점을 알기 때문이다. 애써 노력할 필요 없이 자연스럽게 힘이 솟아나기에 에너지를 낭비하지 않고도 움직일 수 있음을 체득했기 때문일 것이다.

하지만 아무리 남들이 해 보라고 해도 자신이 하고 싶지 않은 일은 하지 않는다. 마음이 가지 않는 일은 해 본들 잘되지 않아서다.

물론 나도 흥미 있는 일, 취미, 여행, 유학, 시골살이 등 '뭐든 해 보자!'라며 이것저것 놀이처럼 경험해 왔다. 사람들은 이런 나를 '용기 있는 사람'이라고 평가하지만, 하지 않고는 못 배기는 일은 일단 해 보자는 것뿐이다. 한 발만 내디뎌 보면 그다음부터는 자동으로 흘러간다. 사람들은 대부분 '실패하지 않을까?', '지속할 수 있을까?'라고 앞일을 너무 걱정하기 때문에 앞으로 나갈 수 없는 것이다.

실패를 겪으면서 피부로 느낀 것들은 삶에 필요한 '감성'이 되고, 자신감으로 발전한다. '사람은 머리가 아니라 몸으로 생각하는 동물'이라고 한다. 예를 들어 모닥불이 뜨겁다는 사실을 몸으로 느낀 아이는 다시는 타오르는 불 옆에 가지 않는다. 그러다가 모닥불에 생선을 올려 구우면 맛있다는 사실을 알게 되어야 그 맛을 기억하며 직접 만들게 된다.

우리가 '이건 위험할까?', '이 맛은 진짜일까?', '무엇이 기분 좋은가?', '이 사람은 어떤 사람인가?'를 판단하려면 경험을 통해서 감성을 갈고 닦아야 한다. 특히 혼자서도 행복한 사람에게는 자신의 감성이야말로 중요한 판단 기준이다.

얼마 전 70대 지인이 '하와이에서 패러세일링을 한 뒤, 아는 사람이 부탁한 베이비시터 일을 하기 위해 애리조나주에 다녀오겠다'라며 6개월짜리 여행을 떠났다. 가벼운 마음으로 뭐든 해보려고 움직이는 모습은 힘이 넘치고 눈부시게 느껴졌다. 활기가 넘쳐서 하고 싶은 일을 하는 것이 아니라, 하고 싶은 일을 하기에 활기가 솟는 것으로 봐야 할 것 같다.

79

혼자서도 행복한 사람 ⑦

풍요롭게 살기 위해
자신에게 투자한다

자신에게 투자하지 않는 사람은
자신의 성장을 믿지 않는 사람이다

　평소 존경하는 작가의 세미나에 갔을 때 일이다. 한 20대 남성이 "지금부터 노후를 위한 저축을 시작하는 게 좋을까요?"라고 질문했다. 작가는 이렇게 대답했다.

　"그건 바보 같은 소리예요! 매달 2만 엔씩 40년 모아 봐야 큰돈 되지 않아요. 그 2만 엔을 매달 자기 성장을 위해 쓰면 지금보다 몇 배는 더 버는 사람이 될 거예요. 젊을 때는 저축보다 자기 자신에게 투자하세요."

　확실히, 큰 폭의 성장을 이루어 더 많이 벌어들이는 사람은 현재 직업에만 신경 쓰는 것이 아니라 자격증 취득, 업무 스킬 확대, 어학 습득 등의 학습 외에도 신체 단련이나 미용 등 외모 다듬기, 새로운 경험, 독서 등 다양한 방식으로 자신에게 투자한다.

　100세 시대다. 이제는 일도 '혼자서' 프리랜서로 해야 할 가능성이 크다. 자신을 상품화하여 돈을 벌려면 나이가 들어서도 계속 배울 필요가 있음을 통감한다.

내가 보기에 가장 수익성이 큰 투자 방법은 첫째, 자신이 성장할 기회 만들기다. 본업이든 부업이든 자원봉사든 상관없다. 일단 혼자서 만들어 낸 결과를 보여줄 자리를 만들어 놓으면 인풋의 양은 자연히 늘어난다.

어떤 남성은 미국으로 2년 동안 어학연수를 떠났지만, 생각만큼 영어 회화 실력이 늘지 않았다고 한다. 그래서 귀국 후 파견 사원으로 통역, 번역 일을 했다. 그런데 그 일을 하면서 몇 년 만에 급격히 영어 회화 실력이 늘었고, 10년 후에는 회사를 세워 수십 배의 수익을 올렸다.

나도 요즘 사람들이 모르는 기모노 착용법을 1년 동안 배우고 나서 바로 부업을 시작했다. 카메라맨, 편집자, 작가 일도 일단 일부터 시작하고 나서 점차 전문성을 늘렸다. 돈 버는 일뿐만 아니라 주말에는 음식을 만들었고, 그림과 도예 개인전 및 악기 연주회도 열었으며, 마라톤 대회에도 나갔고, 그림책을 만들어 어린이집에 기부하는 등 내 아웃풋을 보여줄 자리를 마구마구 만들었다. **혼자만의 활동을 펼칠 때는 잘 못하는 일을 보통 수준으로 끌어올리기보다는 잘하는 일을 감동적인 수준까지 끌어올리는 편이 수월하다.** 자신이 가장 크게 성장할 수 있는 영역에 몰입할 시간을 가져야 한다.

80

혼자서도 행복한 사람 ⑧

자신에 대해 깨닫는
능력을 키운다

|

혼자이기에 놓치는 것들은
없는지 되돌아본다

고독사에 대한 불안은 고령자들만 느끼는 감정은 아니다. 일본에서는 생존 확인용 앱을 가장 많이 이용하는 연령대가 30대라는 이야기도 있다. TV 프로그램에서 앱을 이용하는 한 청년이 '친구나 연인이 없는 건 걱정하지 않는데, 고독사하고 나서 한참 뒤에 발견되는 건 걱정'이라고 인터뷰한 장면에 놀란 적도 있다.

그런데 나는 고독사가 완벽히 불행한 사건이라고는 생각하지 않는다. 혼자 사는 것을 좋아하는 사람이 있는 것처럼 혼자 살다가 조용히 생을 마감하는 것을 좋아하는 사람도 있을 수 있으니까 말이다. **'고독사는 곧 불행'이라는 생각은 부정적인 인상이 퍼져있기 때문이다. 지켜보는 사람이 있든 없든 인간은 혼자 떠나는 법이다.**

죽은 후의 일은 살아 있는 이들에게 맡기면 되지만, 폐 끼친다는 생각이 든다면 뒷일을 처리해 줄 사람과 방법을 미리 찾아놓으면 된다.

나는 고독사보다 살아있는 동안에 경계해야 할 점을 더 신경쓴다. 내 마음 가는 대로 사는 사람이기에 내가 이상하게 변해도 '아무도 지적해 주지 않는 상황'이 두려운 것이다. 가까운 사람이 "그거 옳지 않아", "요즘 사람들은 그런 말투 싫어해", "그래도 돼. 괜찮아" 같은 이야기를 해주면 좋겠지만, 거슬리고 걱정되면서도 말해 주지 않을 수 있으니까 말이다. 스스로 신경이 쓰일 때는 내가 먼저 "이래도 괜찮을까?", "솔직하게 지적해 줘"라고 물어보기도 한다. 그렇지만 일일이 다른 사람의 의견을 구하기는 어렵다.

그러니 우리는 자신에 대해 깨닫는 능력을 키우기 위해서 늘 위기감을 가지고 외부 환경을 접하며 '지금의 나는 이대로 괜찮은지'를 되돌아보아야 한다. 내 경우는 존경하는 사람부터 어린이, 젊은이, 어르신까지 폭넓은 사람과 대화를 나눈다. 그러면 자극도 받고, 나의 문제도 보이고, 내 착각을 깨달을 수도 있다.

성장하는 사람은 늘 위기감을 가지고 개선할 점이나 부족한 점을 찾는다. 위기감이 없는 사람은 '이 정도면 된다'라고 현상에 만족하기에 바뀌지 않는다. 그런 사람이야말로 개선할 여지가 많은데 말이다. 위기감을 가져야 셀프 케어도 할 수 있고 성장도 기대할 수 있다.

81

혼자서도 행복한 사람 ⑨

최고와 최악을
예상해 둔다

|

진정한 리스크 헤지는
불행해지지 않는 방법을 찾는 것이다

대만에서 유학할 때, 동기들과 대화를 나누는 과정에서 몇 번
이나 "일본 여성은 결혼이나 육아를 이유로 모처럼 들어간 회사
를 그만둔다는데 정말 그래요?"라는 질문을 받았다. 배우자를
아무리 사랑한다고 한들, 그리고 배우자가 아무리 부유하다고
한들 인생에는 무슨 일이 일어날지 모른다. 인생 전체를 상대에
게 맡기면 공멸할 수도 있다. 남편이 일할 수 없는 상황이 오거
나 이혼 또는 사별로 혼자가 되더라도 살아갈 수 있는 방책이 있
어야 한다는 말이다. 그렇지 않으면 불행해질 수도 있다.

당시 나는 인생의 선택이 초래하는 리스크에 관해 연구하고
있었고, 일본 여성들을 인터뷰했다. 그런데 인터뷰한 40대 여성
들은 "설마 내가 이혼할 줄은 몰랐다", "병들 줄 몰랐다", "구조
조정을 당하다니 당황스럽다" 등의 위기 상황을 고백했다. 하지

만 대만인들의 반응은 사뭇 달랐다. "세상사가 다 그렇죠. 알고 있었잖아요?"라는 반응을 보인 것이다.

이를 통해 알 수 있듯 진정한 리스크 헤지는 불행해진 뒤의 사후 처리가 아니라 불행해지지 않도록 손을 쓰는 것이다. **자기 인생을 책임지고 소중히 생각한다면 '최악의 상황'도 상정해 두어야 한다.** '최악의 경우, 이렇게 돼도 괜찮아'라고 보험을 들어 두면 직업이나 결혼 외에 어떤 도전을 하더라도 두려움이 없어져 대담하게 도전할 수 있고, 집착하지 않아도 된다. 나는 새로운 세계로 뛰어들 때 늘 '최고의 상황'을 떠올리고 그 방향으로 움직이지만, 마음 한구석에는 '최악의 경우, 다 잃고 외톨이가 되어도 괜찮다'라는 생각을 품고 산다. 그래서 지금껏 부담 없이 활동해 왔는지도 모른다.

또 하나, **혼자서도 행복하기 위한 요령은 즐길 수 있는 범위 안에서 움직이는 것**이다. 술이든, 연애든, 도박이든 즐기는 방법을 아는 사람은 '정말 즐겁지만, 이 정도에서 멈추자'라는 선을 그을 줄 안다. 자기 책임이 기본이기에 책임질 수 있는 범위 안에서만 즐기는 것이다. 예를 들어 회사를 세울 때는 빚 지지 않기, 남에게 폐 끼치지 않기, 허풍 떨지 않기, 무리하지 않기 등을 정해 두는 식이다.

최고의 상황과 최악의 상황을 상상해 두면 아무것도 두려워할 일이 없다.

82

혼자서도 행복한 사람 ⑩

자신에게는 무한한 기대를
걸어도 된다

|

'하고 싶은 일의 반밖에 못 했다'라는
생각이 들어야 한다

연말이 되면 '올해는 계획의 절반밖에 달성하지 못했다'라고 평가할 만큼 새해 목표를 크게 세우고 열심히 달리는 사람들이 있다. 나도 그렇다. 그래도 반이라도 할 수 있으면 훌륭하다고 생각한다. 아마 꿈도 희망도 없는 상태였다면 아무것도 실행하지 못했을 것이다.

인생도 마지막 순간에 이르렀을 때 '하고 싶은 일의 절반밖에 못 했네. 그래도 꽤 즐거웠다'라고 생각할 수 있으면 된다고 본다. 꿈이나 목표는 계획대로 진행해서 달성하기 위해 세우는 것이 아니라, 새로운 '현재'을 만들기 위해서 세우는 것이다. 도중에 변경할 수도 있다.

원하는 목표가 있으면 자신을 지탱할 수도 있고, 하루하루를 즐겁게 살 수도 있다. 그뿐 아니라 외로워도 하는 일에 열중할 수

있고, 괴로움이나 눈물까지도 의미 있는 결과로 승화시킬 수 있게 된다.

그래서 자신에 대한 기대는 무한히 키워도 된다. 사람은 자신이 할 수 있는 일, 할 수 없는 일을 스스로 안다. 진지하게 숙고했을 때, '어쩌면 할 수 있지 않을까?'라고 상상한다는 말은 가능성이 제로가 아니라는 뜻이다.

혼자의 행복을 즐기지 못하는 사람은 '너무 욕심내면 안 돼. 쓸데없는 생각은 없애고 조심하면서 살자'라고 생각할지도 모르겠다. 하지만 최선을 다하거나 실패하는 것이 싫을 뿐 마음속으로는 자신이 할 수 있는 일이 있음을 알고 있을 것이다.

'복권이라도 당첨되면 좋겠다', '내 이상을 이뤄줄 결혼 상대가 나타나면 얼마나 좋을까?', '가족들이 좀 더 많이 벌어오면 좋겠다'라고 생각하는 사람은 자기 힘을 믿지 못하는 사람이다. 하지만 타인에게 기대해 본들, 마음에 드는 결과를 얻기는 어렵다.

당장은 자기 힘이 모자라더라도 끝까지 자신의 가능성을 믿고 나가다 보면 '내가 이런 일도 할 수 있구나!' 하고 깜짝 놀라는 순간이 오는 법이다.

자신을 믿어야 '그렇게는 못 합니다!'라는 말을 할 수 있고, 결과가 어떻든 간에 '잘했다!'라고 만족할 수 있다. 자신을 믿는 암시의 힘이야말로 인생이라는 놀이 시간을 즐겁게 만들어 준다.

83

혼자서도 행복한 사람 ⑪

나만의 즐거움,
나만의 미학이 있다

|

찾기만 하면, 혼자서도 즐길 수 있는 일은
얼마든지 있다

혼자 사는 고령자의 삶에 생기가 넘치는지 아닌지는 '혼자라
는 사실'을 흔쾌히 받아들이는지 아닌지에 달려 있다고 한다. 흔
쾌히 받아들이지 못하는 사람은 '나도 전에는 가족이 있었는데',
'주변 사람들은 돈이 많은데'라고 과거 또는 남들과 비교하는 경
향이 있다.

고령자뿐 아니라 젊은이들도 혼자 사는 삶을 만족스럽게 여
기면, '지금 즐길 수 있는 일'을 얼마든지 발견할 수 있다. 인테리
어, 식물 키우기, 음악을 듣고 책을 읽는 일도 즐거울 것이다. 한
80대 남성에게서는 "1년 전에 시작한 수채화가 재미있어 죽겠
다"라는 이야기를 들은 적도 있다.

음식을 만들 때도 그저 의무적으로 하는 것이 아니라 '오늘은
맛을 좀 바꿔보자', '새로운 요리에 도전해 보자'라며 적극적인

자세로 시도해 보면 좋겠다. 의욕이 사그라들 때쯤이면 때때로 다른 사람에게도 맛보게 하는 등 상황을 즐길 아이디어는 무궁무진하게 낼 수 있다.

가족이 있어도 혼자만의 즐거움을 가진 사람은 생기가 넘친다. 그런 생활이 가족 관계와 일에도 좋은 영향을 준다는 것은 두말할 나위 없다.

어느 날 술집에서 옆에 앉은 젊은이가 "혼자 사는 것만큼 즐거운 일이 없죠"라고 중얼거리는 소리를 듣고 깜짝 놀란 적도 있다. 솔직히 말해, 즐거움은 기다린다고 찾아오는 것이 아니다. 스스로 찾으러 나서야 한다.

그리고 혼자만의 생활을 즐기는 사람은 '자신만의 미학'을 확립한 사람이라고 느낀다. 미학이란 자기 나름의 고집이기도 하다. 그래서 그들은 **혼자라도 외출할 때는 멋을 부리고, 식사는 와인을 곁들여 우아하게 즐기며, 걸을 때는 등을 펴고 당당한 자세로 걷는다. 또 취미도 깊이 파고들고, 주변 사람을 웃게 하는 등 각자가 생각하는 이상적인 모습이 있다.** 자신을 '혼자 살아서 쓸쓸하고 비참한 사람'이라고 생각하고 싶어 하지 않으며, 그렇게 생각하지도 않는다.

다른 누군가와 비교하는 것이 아니라 자신의 '이상'에 가까워지려고 하는 것이 '외로움을 직면하는 힘'이 되고 자긍심이 되며, 자신감으로 드러나는 것이다.

6장

혼자라서 외로운 사람의 인간관계,
혼자서도 행복한 사람의 인간관계

자신을 살리고 남도 살리는 관계가 있다

혼자이기에 적극적으로
관계를 쌓을 수 있다

|

'혼자'를 흔쾌히 받아들이면
편안한 관계를 맺을 수 있다

'고독한 사람'이라고 하면 어둡고, 말수가 적고, 어딘가 차갑고, 늘 남들과 거리를 두는 등의 이미지가 있다. 하지만 이 책에서 언급하는 '혼자서도 행복한 사람'은 그렇지 않다.

각자 성격은 다르지만, 남들과 즐기기도 하고 속정이 깊어서 남들을 돕기도 잘한다. 이들은 남과 함께 있는 즐거움과 기쁨도 알고, 사람이 살아가려면 남들과 관계를 맺어야 한다는 사실도 아는 사람들이다.

나도 '혼자서도 행복한 사람'이라고 자부하는데, 남과 함께 있는 시간이 있어야 혼자 있는 시간이 더 즐겁고 기쁨이 크다는 사실을 잘 알고 있다. 게다가 혼자 살아가려면 다른 사람의 도움과 지지가 꼭 필요하다는 사실도 알고 있다. 특히 '글 쓰기로 밥을 벌자'라고 결심하고 '나 홀로 인생 여행'을 시작한 뒤 얼마나 많은 사람의 도움을 받았는지 모른다. 직장인 시절에 비할 수 없을 정도의 만남과 이별을 반복하고 있다. 혼자 살고 싶어서 더 열심히 남들과 관계를 맺었다고 해도 될 정도다.

혼자라서 외로운 사람은 '남들과 관계 맺기가 귀찮고 싫거나' 그게 아니라면 '혼자는 쓸쓸해서 싫다'라는 사람이다. 둘 다 싫은 사람도 있을 수 있다. 그런 사람은 인터넷과 SNS에서 간편하게 위로를 얻으려 한다. 하지만 쉽게 관계를 맺고 교류할 수 있는 점이 만족스러운 한편, 과도한 망상으로 차 있어 불안과 환희를 오가는 신기루 같은 소통에 오히려 더 외롭고, 허무함까지 느끼기도 한다. SNS는 주체적으로 목적을 가지고 관계를 맺을 때만 최고의 도구이니까 말이다.

6장에서는 혼자라서 외로운 사람과 혼자서도 행복한 사람은 각기 어떤 사람들과 어떤 식으로 관계를 맺는지, 그 인간관계에 대해 같이 알아보도록 한다.

혼자서도 행복할 수 있는 사람의 가장 큰 특징은 타인에 대해 두려움이 없다는 점이다. 이들은 '혼자면 어때?'라고 생각하기에 타인을 편안하게 사귈 수 있다. 누군가와 함께 있고 싶을 때는 함께 있고, 혼자 있고 싶을 때는 혼자 있는 길을 마음 가는 대로 선택할 수 있다.

85

혼자서도 행복한 사람의
산뜻한 인간관계

|

물과 같이
담백한 관계를 맺는다

나는 '친구는 있어도 되고 없어도 돼'라고 생각했다. 노력하지 않았는데도 친하게 지내는 사람, 의지할 수 있는 사람이 자연스럽게 생겨났다. '친구를 만들자', '기댈 수 있는 사람을 찾자'라며 억지로 찾거나 억지로 남에게 맞추지 않았기에 주파수가 맞고 나와 잘 통하는 사람이 나타났을 수도 있다.

신기하게도 그 친구들도 나처럼 가족의 유무나 성별과 관계없이 혼자를 사랑한다. 다들 자립한 사람들이라 관계가 산뜻하게 유지된다. 상대에게 바라는 바도 없고, 이해득실을 따지지 않고 그냥 '좋아서', '같이 있으면 즐거워서' 사귀는 것이다. 혼자인 상태로 무언가에 집중하고, 자기만의 감성과 가치관을 만들어 온 사람의 이야기는 재미도 있고, 깊은 울림도 있다.

어떤 친구는 1년에 몇 번 시간이 맞으면 만나는 정도의 관계였다. 그런데 그녀는 내가 병이 들었을 때, 가족처럼 내 병에 대해 알아보고 여러 병원을 데리고 다녔다. 나는 '친구는 없어도 된다'라고 생각했지만, 내 옆을 지켜주는 그녀를 보고 절로 눈물이 나왔다. 혼자서 꾹꾹 참던 답답함이 확 풀린 것 같았다.

혼자라도 문제는 없지만, 의지할 수 있는 사람이 있다면 그보다 더 든든한 일은 없다. 병이나 재해 같은 비상사태가 아니라도 도움을 받고 상담할 수 있으니까 말이다.

'친구는 많은데 기댈 사람이 없다'라는 사람이 있는데, 친구가 너무 많다 보면 인간관계가 복잡해서 깊은 신뢰 관계를 맺지 못하는 탓일 수도 있다. **숫자가 적더라도 자신에게 중요한 사람을 소중하게 여겨야 마음도 가볍고 든든하다.**

단, 아무리 친해도 호의나 요구를 강요하지 않는 것, 너무 어리광을 부리지 않는 것도 중요하다. 혼자를 사랑하는 사람은 서로가 부담스럽지 않게 절묘한 거리감을 유지할 수 있다. '누군가가 내게 베푼 친절은 오래 기억하되, 내가 상대에게 베푼 일은 금방 잊자'라는 마음으로 산뜻한 신뢰 관계를 맺으며 살자.

86

싸우지 않고, 굴하지 않고, 강요하지 않는 자세

|

이기든 지든 혐오감을 남기면 다툼은 이어진다

인간관계에는 갈등이 따르기 마련이다. 갈등이 생기면 의견 대립으로 분위기가 껄끄러워지거나, 다툼이 일어나거나, 질투로 인해 상대의 발목을 잡기도 한다.

나도 과거에는 수긍할 수 없는 일에 대해서는 상사에게 강력히 항의하고 내 주장을 관철하기 위해 끝까지 버티곤 했다. 갑질하는 상사에 맞서 어떻게 싸울지 하루 종일 생각한 적도 있다. 직장에서 인간관계는 그 일을 하기 위한 '수단'에 불과한데도 아침부터 밤까지 인간관계에 휘둘린 끝에 그 관계가 직장을 다니는 '목적'으로 변해버린 것이다.

치열한 싸움 끝에 얻은 교훈은 '싸우지 말자'라는 것이었다. 왜냐하면 **'싸우지 않고도 이길 수 있기'** 때문이다. 직장뿐만 아니라 가족, 기타 단체 등의 관계에서도 자신의 의견을 관철하고 싶다면 상대에게 싸움을 걸기보다는 상대를 편드는 쪽이 훨씬 편하고 성공률이 높다.

감정싸움을 하면 안 된다. 싸우지 않고, 굴하지 않고, 강요하지 않는 자세로 지혜롭게 승패를 결정지어야 한다. 싸우고 나면, 이기든 지든 혐오감이 남는 이상 다툼은 지속되는 것이다. 감정적으로 앙금을 남길 거라면 처음부터 싸움은 포기하는 편이 낫다.

손자병법에서 '지피지기면 백전백승'이라 했듯이 '상대가 원하는 바', '자신이 원하는 바'부터 객관적으로 파악해야 한다. 상황에 맞는 작전 수립은 이후에 할 일이다.

나의 경우, 별로 중요하지 않은 사안은 재빨리 상대에게 양보한다. 절충안으로 타협할 때도 내가 조금 손해 보는 편이다. 그러면 '이것만은 절대로 양보할 수 없다' 하는 순간에 상대의 양보를 끌어낼 수 있다.

외로움을 잘 살아내는 사람이 경계할 대상은 상대가 아니라 '상대를 싫어하는 마음'이다. 평소에 고맙게 여기고 존경을 표시하면 관계가 나빠지지 않는다.

인간관계가 대립하는 상황에서는 감정적으로 대처하는 사람이 패배한다는 사실을 명심하자.

87

혼자라서 외로운 사람 ①

권유와 부탁을
거절하지 못한다

|

거절해도
상대가 싫어하지 않는다

혼자라서 외로운 사람은 일대일의 평등한 관계를 만들기 어려워 한다는 특징이 있다. 여기서부터는 바로 그런 사람들의 패턴을 다루려고 한다. 대표적으로는 권유나 부탁을 거절하지 못하는 사람을 들 수 있다.

상황이 여의찮아도 술자리에 참석하라는 권유를 받으면 '모처럼 초대해 줬는데', 일을 해달라고 부탁받으면 '힘들어 보이네'라며 거절하지 못한다. 성실하고 친절한 사람이어서 상대의 기대에 부응하려고 하는 측면도 있다. 이런 행동이 좋게 작용할 수도 있지만, 자신을 희생시키면서까지 애쓰는 행동은 '불화가 생길까봐', '미움받고 싶지 않아서'라는 두려움 때문인지도 모른다.

혼자서도 행복한 사람은 자신이 행복해야 다른 사람도 행복하게 만들어 줄 수 있다고 생각하므로 언제나 자신이 하고 싶은지 아닌지가 판단 기준이 된다. 애초에 권유와 부탁은 상대의 사정이다. 권유나 부탁을 받은 사람이 어떤 대답을 할지는 자기 마음이다.

술자리는 내키지 않으면 솔직히 거절하면 된다. 상대가 성숙한 사람이라면 "그래! 다음에 봐"라고 이해할 것이다. 만약 거절한다고 해서 인연이 끊어진다면 그래도 되는 관계다.

착각하는 사람이 많은데, 거절해도 상대는 싫어하지 않는다. **만일 미움을 받았다면 '거절'이 싫은 것이 아니라 '거절하는 방법'이 상대의 마음에 들지 않았을 것이다.** "싫어", "난 못해"라고 적나라하게 표현하지 말고 "초대해 줘서 고맙다. 이번에는 안 되지만 다음에는 갈게!", "다음 주에는 도와줄 수 있어" 등 배려하는 표현이 더 어른스럽다. 상대의 기분을 해치지 않고도 거절할 수 있으면, 오히려 마음을 솔직하게 터놓을 수 있는 관계로 발전할 수 있을 것이다.

나도 전에는 거절이 서툴렀다. 그런데 '거절하는 스트레스'와 '참는 스트레스'를 비교해 보았더니 거절은 한순간이지만 참는 것은 한참이라는 생각이 들었다. 그때부터는 편하게 거절하고 있다.

거절할 수 있는 사람이 되고 나니 '내가 정말 우선시해야 할 일'에 집중할 수 있게 되었다고 느낀다. 자신을 소홀히 하는 사람은 상대도 소중히 여길 수 없음을 기억하자.

88

싫은 사람에게
휘둘린다

|

과제를 분리할 수 있어야
어떤 상대든 편하게 대할 수 있다

인간관계로 고민하는 원인의 대부분은 '혼자를 받아들이지 못하기 때문'이라고 생각한다. 싫은 사람에게 휘둘리는 사람도 혼자가 되기를 두려워하기 때문이 아닐까?

직장에 싫은 사람이 있다고 해서 출근하기도 우울하다거나 그 사람의 사소한 언행에 화가 나고, 상처받고, 밤이 되면 '그 사람은 왜 내게 그런 말을 했을까?'를 끝없이 생각한다면 완전히 지배되고 있다는 증거로 봐야 한다. 이는 '싫은 상대'에게 지배된다는 말이 아니다. '더 좋은 사람이었으면 좋겠는데, 왜……'라고 하는 자신의 '바람'에 지배된다는 말이다.

이는 상대가 좋은 사람이어야 자신이 행복해질 수 있다고 생각하기 때문이다. 혼자서도 행복한 사람은 한발 물러서서 '저런 사람도 있지. 나와는 상관없어'라고 거리를 둔다. 상대와 자신을 분리하면 마음이 괴로울 일도 없다.

휘둘리는 이유는 과제를 분리하지 못하기 때문이다. 각자의 과제를 정리해 보자.

- 상대의 과제(자신이 제어할 수 없다): 결과에 대한 책임은 상대에게 있음. 상대의 일이나 목표, 현재 입장, 가치관이나 감정, 인생 등.
- 자신의 과제(자신이 제어할 수 있다): 결과에 대한 책임이 자신에게 있음. 자신의 일이나 목표, 현재 입장, 가치관이나 감정, 인생 등.

'상대의 말투가 너무나도 싫다', '상대가 일을 제대로 못 한다' 등의 문제는 상대의 과제다. 하지만 자신에게 상처가 되고 짜증이 나는 현상은 자신의 과제이기에 스스로 해결할 수 있다.

자신의 감정은 자신이 즉시 바꿀 수 있다. '상대를 싫어하면 안 된다'라고 생각하지 말고, 일단 '나는 저 사람이 싫다'라고 받아들인 뒤 '거리를 두자', '아무렇지도 않게 대하자' 등의 대책을 세우면 된다. 나는 '아무리 싫어도 그 사람에게서 존경할 만한 점 하나 찾기', '반면교사 하기', '언젠가 화제로 삼겠다고 재미있게 받아들이기' 등을 시도한다. 자기 문제는 자기 안에서 해결하는 습관을 들이면 예상 밖의 상대를 만나더라도 편안히 봐 넘길 수 있다.

89

혼자라서 외로운 사람 ③

회사든 집이든
갈 데가 없다

|

나만의 활동이
내 자리를 만들어 준다

'회사 동료들이 자기들끼리 무리 지어 다니다 보니 나는 낄 자리가 없다', '내가 필요하다는 사람이 없으니 갈 데가 없다'라는 이야기를 들을 때가 있다.

나는 한때 역 근처 카페에서 글을 썼다. 밤이 되면 퇴근하는 직장인들로 북적거리는 곳이었다. 그런데 약속이나 공부 등의 목적이 있는 것 같지도 않은데 카페가 문을 닫을 때까지 지루한 시간을 보내는 단골들도 많았다. 단정해서는 안 되지만, '회사든 집이든 갈 데가 없는 사람들이구나' 하는 생각이 들었다.

'갈 곳, 내 자리'라는 것은 기분이 좋아지고, 만족감이 들고, 마음이 안정되고, 안심할 수 있는 장소를 뜻한다. 독자 여러분 중에도 자기 마음에 꼭 들지는 않더라도 혼자만의 시간을 카페에서 보내는 사람이 있을지 모르겠다. 어떤 사람은 작은 술집이나 피시방 등에서 자기 자리를 찾으려 한다.

회사에서 끼어들 자리가 없다면 외롭고 괴로울 수도 있지만, '무리 안에 들어가도 본질적으로는 혼자'라고 생각하면 괜찮지 않을까? 또 회사는 동료를 사귀는 장소가 아니니 업무만 제대로 소화하고 '생활을 꾸려나갈 수만 있으면 된다'라고 생각하자.

'집에는 내가 설 자리가 없다'라고 토로하는 남성도 안타깝다. '생활이 자녀 중심으로 돌아가다 보니 내 시간이 없다', '혼자 있을 공간이 없다', '집에 있으면 마음이 편하지 않다'라고 토로하는 사람이 많다.

그러나 이것도 현실적으로 해결해 나갈 수 있는 문제다. '내 자리가 주어지지 않는다'라고 생각하기에 서운한 것이다. 지금 있는 곳에서 자기 시간과 공간을 스스로 확보해야 한다. 소외감이 든다면 무작정 맞추려고 하지 말고, 그 자리에서 자신이 할 수 있는 일을 스스로 만들어 보자. 함께라는 사실을 상대가 기분 좋게 여기도록 하는 것이다. 그러다 보면 자신도 조금씩 편안함을 느끼게 될 것이다.

'나만의 활동'도 내 자리를 만들어 준다. 나의 한 지인은 불경을 공부하는 모임에 들어가면서 마음이 가벼워졌다고 했다. 여러 사람이 열중하는 모습을 보면, 자신만 문제를 겪는 건 아니라는 생각이 든다는 것이다. 무언가 집중할 활동을 만드는 것이 카페에서 시간을 때우는 것보다는 마음을 잘 채워줄 것이다.

90

혼자라서 외로운 사람 ④

공감해 주는
사람만 만난다

마음 편한 곳에만 가면
성장이 멈춘다

"너라면 알아줄 줄 알았는데."

누구나 한 번쯤은 이런 말을 하거나 들어보았을 것이다.

한 여성은 친구가 일에 대해 불평하는 이야기를 듣다가 "너한
테도 문제가 있었을지 몰라"라고 말했다가 친구로부터 "너무해.
너라면 알아줄 거라고 믿었는데. 너는 내 처지랑 같다고 생각했
어"라며 SNS도 차단당했다고 한다.

'너는 잘못하지 않았다', '잘했어, 잘했어'라고 듣기 좋은 말을
해주는 사람, '이해해'라고 공감해 주는 사람은 누구에게나 환영
받는 법이다. 하지만 **상냥하게 받아주는 사람과만 사귀면 스스로
외로움을 초래한다.**

사람들은 보통 회의나 비즈니스 협상 때 의견이 엇갈리는 것
은 당연하게 받아들인다. 그런데 상대가 가족이나 연인일 때는

다른 사람보다 더 크게 의존하기에 자신의 마음을 알아주지 않으면 배신감이 들어 공격적으로 변한다. 자신과 다른 의견을 처음부터 부정한다면 적을 만들기도 쉽다. 상징적인 예가 SNS다. '좋아요'가 없으면 불안해지고, 무언가 다른 의견이 나오면 다 같이 몰려가 비난하는 동조 압력에 지친 사람도 있다.

이해받지 못하고 비판받았다고 해서 전부를 부정당한 것은 아니다. 혼자서도 행복한 사람은 '그래. 남들은 이해하지 못할 수도 있지'라며 심각하게 받아들이지 않는다. 상대의 반응에 화내는 것이 아니라, 상대에게는 상대의 생각이 있음을 존중하기 때문이다.

우리는 비슷한 타입의 사람과 공감하며 관계를 맺을 때 편안함을 느낀다. 그리고 나이, 일, 결혼, 생활 수준, 가치관, 취향 등이 비슷한 사람들끼리 모이기 마련이다. 하지만 좁은 세계 속에만 갇혀 있으면 성장이 멈춘다.

'다양한 사람, 다양한 의견이 있기에 세상은 재미있다'라고 마음을 크게 먹으면 온갖 사람들과 관계를 맺는 과정에서 서로 배우고 보완할 수 있다.

'아무도 나를 이해하지 못한다 해도 나는 괜찮다'라고 생각하자. 약간의 외로움과 큰 배포를 가진 사람이야말로 혼자를 고차원적으로 즐기는 사람이다.

91

혼자라서 외로운 사람 ⑤

과거 일을
꽁하게 여긴다

외로움 속에서도
원망을 씻어낼 길이 있다

흔히 여성들은 과거 일을 끈질기게 기억하며 꽁하게 여긴다고 한다. 아내가 남편에게 "당신, 예전에 이런 심한 말 했잖아", "당신은 작년에 내 생일도 잊었잖아" 등 생각날 때마다 공격하고, 남편은 "이제 좀 잊자"라고 진절머리를 낸다는 이야기는 주변에서 흔히 들을 수 있다.

그런데 상담사인 지인에게 들어보니 남성들도 별반 다르지 않다고 한다. '예전에 부모님이 진로를 반대하셨다', '예전 직장에서 상사가 괴롭혔다' 등 뿌리 깊은 원망으로 인해 복수를 꿈꾸는 사람도 있다고 한다.

원망은 부정적인 기억이다. '나에게 잘해주면 좋겠는데 그래주지 않아'라는 쓸쓸함의 표현이기도 하다. 원망하는 마음이 계속 남는 이유는 받은 만큼 돌려주고 싶은 심리 작용인 '호혜성의 원리^{norm of reciprocity}'가 작용하기 때문이다.

타인으로 인해 기쁜 일이 있었다면 상대에게 감사하고 답례하고 싶어지듯, 상처를 입으면 상대에게도 그 대가로 벌을 주고 싶어지는 것이 인간 심리인 것이다.

문득 기억이 되살아날 때마다 눈앞의 상대에게 '원망스러운 일 하나쯤은 말해 줘야지' 하는 생각이 드는 것도 대가를 돌려주는 행위의 일종이다. 그러나 상대에게 복수를 하든 안 하든 기억이 남아 있는 한 원망도 남을 것이다.

반면 과거에 큰 상처를 입었더라도 고독 속에서 원망을 말끔히 씻어내는 사람도 있다. 남편이 바람을 피운 한 지인이 이렇게 말한 적이 있다.

"용서할 수는 없어. 그런데 난 같이 살고 싶으니까, 이번만은 눈감아 주기로 했어."

혼자가 되기 싫어서 매달리는 것이 아니라 언제 혼자가 되어도 상관없지만, **'지금의 나는 어떻게 하고 싶은가?'**, **'그러기 위해서는 어떻게 해야 할까?'라고 고민한 끝에 내린 결론**이었다. 즉 과거에는 상처받았지만, 현재의 감정은 스스로 선택할 수 있다는 것이며 그래서 대가를 돌려주는 행위는 하지 않는 것이다. 그 대신 시간을 내어 해외여행을 다녀왔고 어느 정도 마음이 가라앉았다고 했다.

사실 나도 누군가를 원망한 적이 있다. 그런데 '고마운 일도 있지 않았나?' 하는 긍정적인 방향으로 생각을 바꾼 뒤, 지금은 원망하는 마음이 사라졌다. 이제는 감사하는 마음만 남아 있다. **'덕분에'라고 해석을 바꾸면 기억도 새로 쓰인다.**

상대에게 지배당한 원망의 기억을 놓아버리고 각자의 인생을 살아야 한다.

타인의 욕구에 지나치게 민감해지면
자기 욕구에 둔감해진다.

92

살다 보면 사람도,
환경도 변하는 법이다

|

억지로 맞추는 것이
상대에 대한 최선은 아니다

나는 몇 년 주기로 사는 집, 일하는 방식, 인간관계가 모조리 바뀌고 있다. 기존의 것들이 싫어서 바꾼 게 아니다. 오히려 짧은 시간이라도 좋은 관계를 맺은 사람들과 헤어질 때는 무척이나 힘들었다. 하지만 내 힘을 더 시험해 보고 싶고, 새로운 세계를 경험해 보고 싶다는 생각이 들기 시작하면, 그 욕구를 억제할 수가 없었다.

나는 편안한 직장에서 주변에 좋은 사람들만 있을 때도 더 성장하고 싶은 욕구를 느낄 때는 일부러 어려운 환경으로 뛰어들었다. 가지 말라고 사람들이 붙잡을 때마다 '어떻게 이 좋은 사람들을 떠날 수 있나?', '내가 이기적인 건가?'라고 갈등했지만, 내가 원하는 바를 스스로 존중하려면 외로움을 각오하고 떠날 수밖에 없었다.

사람이 살다 보면 욕구도 바뀌고 주변 사람과 환경도 달라진다. 따라서 조금씩 갈등이 생기는 것은 당연하다. 기존의 관계를 이어가더라도 서로의 지향점, 원하는 바가 달라지기에 마찰과 고통이 생길 수밖에 없다. 그러니 무리하게 맞추는 것이 상대에 대한 최선은 아니다.

나를 홀대하는 회사, 서로 다른 방향을 바라보게 된 친구, 상처를 주고받는 연인 등 부정적인 이유가 있을 때도 서로의 더 나은 삶을 위해 헤어질 수 있다.

떠날 시기는 '내가 나를 용납할 수 있는지'를 기준으로 판단하면 된다. 아무리 편한 장소라 해도 '이런 나는 싫다'라고 느낀다면 기존의 주변 사람과 환경은 제 역할을 끝낸 걸지도 모른다. 반대로 설령 나를 힘들게 하는 직장, 육아나 간병으로 고생하게 만드는 가정이라도 '이런 내가 좋다'라는 생각이 드는 곳도 있을 수 있다.

그러니 '어디가 편안하고 쉬운지'가 아니라 '내가 어떻게 하고 싶은지'를 중심축으로 움직여야 한다. 인연은 때가 되면 끊어지기 마련이다. 자신을 행복하게 만들 수 있는 사람은 결국 자신밖에 없다.

단, 떠날 때는 그동안 신세 진 사람들에 대한 은혜를 잊지 말고 깨끗이 떠나야 한다. 그리고 떠나는 사람에게는 지금보다 더 빛나기를 기원해 주며 웃는 얼굴로 보내야 한다.

93

내성적인 사람도
인간관계를 넓힐 수 있다

|

자신의 특성을 살려
소통하자

"나는 내성적이라서 대화가 너무나도 서툴다"라고 고백하는 사람들이 있다. '더 밝고 사교적이어야 한다'라는 생각에 성격을 개선하려는 사람도 있다.

하지만 내성적인 성격은 쉽게 바뀌지 않는다. 혼자인 상태를 좋아한다면 바꿀 이유가 없다. 하지만 '직장 내 고립을 피하고 활발히 교류하고 싶다', '친구나 애인을 만들고 싶다'라는 생각이 있다면 내성적인 성격을 바꾸지 않고도 인간관계를 넓힐 방법이 있다.

일단 '미소와 인사, 잘 들어주기'만으로도 충분한 의사소통이 된다는 사실을 강조하고 싶다. **주위를 둘러보면, 조용한 성격 탓에 먼저 말을 거는 사람은 아닌데도 무리 사이에 편안히 섞이는 사람이 있을 것이다.**

그런 사람은 대개 미소를 짓고 있다. 그리고 말수는 적지만 "안녕하세요?", "고맙습니다" 같은 인사를 빠뜨리지 않고 건넨다. 남의 말을 들을 때는 "아, 그래요?" 하고 맞장구를 치면서 귀를 기울인다. 사람은 누구나 자기 이야기를 들어주고, 자신을 인정해 주는 사람을 좋아하니까 이런 사람이 있으면 누구나 관심을 나타내고 친절도 베풀어 준다.

내성적인 사람은 꼭 먼저 나서서 적극적으로 교류하려고 하지 않아도 된다. 그 대신 만나는 사람을 소중히 여겨 줌으로써 깊은 관계를 쌓으면 된다. 억지로 나서서 접근하면 오히려 역효과가 나서 자신감을 잃고 관계 맺기가 무서워질 수도 있다. 그 대신 자신에게 관심을 보이는 사람에게는 안심하고 마음을 열고 이야기하면 된다.

일할 때도 굳이 자신을 드러내지 않으면서 주어진 일은 확실히 하겠다는 자세로 임하면 된다. 혼자서도 행복한 사람은 지식이나 취미의 깊이가 남다른 경우가 많다. "대단하네요. 저도 좀 가르쳐 주세요"라고 흥미를 보이는 사람에게는 말 걸기도 쉬울 것이다.

참고로 내성적인 사람은 오지랖 넓은 아저씨, 아줌마들과 사이좋게 지내면 많은 도움을 받을 수 있다. 그런 사람들은 주뼛거리는 나에게 역할을 주고, 모르는 점을 가르쳐 주며, 나의 소통 부족을 채워주기 때문이다.

94

여자에게는
여자의 외로움이 있다

어떤 자리에 있든
나름의 외로움이 있기 마련이다

여성 작가인 지인이 이런 말을 한 적이 있다.

"귀신처럼 산발하고 앉아서 책 쓰는 모습을 배우자에게 보이기는 싫어. 그래서 난 혼자 산다니까. 남성 작가들이 부럽다. 지저분한 행색을 하고서도 글만 쓰고 있으면 멋있게 보는 여자들이 많으니까."

남녀로 나누고 싶지는 않지만, 이 말에는 나도 완벽히 공감한다. 나도 기진맥진한 모습을 아무에게도 보여주고 싶지 않다. 그런 모습에 신경 쓰지 않는 상대도 있겠지만 말이다.

일을 우선시해 온 여성들은 남성과는 다른 외로움을 느낀다. 주위에 물어보니 일을 우선시하는 여성이 아니라 해도 여성들은 여성 특유의 외로움을 안고 있는 것 같다. 여성 관리직의 외로움, 독박 육아의 외로움, 미혼모의 외로움, 전업주부의 외로움 등을 말하는 것이다.

사내 최초 여성 관리직에 올랐다는 여성은 이렇게 말했다.

"정말 외로웠어요. 남성과 똑같은 수준을 넘어서 그들의 배 이상 일하지 않으면 인정받지 못했죠. 가사나 육아는 변명이 되지 않았어요. '어디 얼마나 잘하나 보자!'라는 듯이 남녀 불문하고 모두가 나를 구경했다니까요."

그녀는 남성과 똑같은 방식으로는 경쟁해 봐야 승산이 없다고 판단하고 마음을 고쳐먹었다고 했다. '지독한 일벌레 여성'에서 '푸근한 어머니' 캐릭터로 특장점을 바꾼 것이다. 그래서 남성의 시각에서는 내기 어려운 아이디어를 내거나 부하 직원들의 상담에 응하는 등 서서히 자신의 역할을 찾아내서 자신에게 유리하게 판세를 몰아갔다고 한다.

또 전문대 졸업 후 전업주부가 된 한 여성은 결혼 25년이 되던 해에 자신의 삶을 살고 싶어 이혼을 선언했다. '편안한 삶을 버리고 왜?'라며 이해하지 못하던 남편도 결국에는 수긍했다. 그녀는 말했다. "아내, 어머니로 살면서 늘 보호받았지만, 사회와는 단절된 느낌이었어. 나 혼자 힘으로 어디까지 할 수 있는지 시험도 해 보지 않고 죽을 수는 없어." 전업주부에게도 전업주부만의 외로움이 있다는 말이다.

중요한 것은 '어떤 자리에 있든 그 나름의 외로움이 있음을 각오하고, 살고 싶은 대로 사는 것'이다. 단, 자신에게 너무 엄격하

게 대해서는 안 된다. 기대고 싶을 때는 기대도 된다. 틀림없이
도움의 손길이 다가올 것이다.

나이가 들수록
'외로움을 살아낼 힘'을
연마해야 한다.

95

남성의 등 뒤에는
외로움이 숨어있다

|

자기 안의 외로움을
직면해야 한다

한 여성 지인이 남편이나 직장 남성에 대한 자기 생각을 이렇게 밝힌 적이 있었다.

"남자는 뒷모습이 쓸쓸한 것 같아. 힘들 때 여자들은 다 같이 수다라도 떨면서 스트레스를 풀지만, 남자들은 싫은 소리 하지 않고 혼자서 꾹꾹 참더라고. 얼굴은 웃는데 왠지 등 뒤는 쓸쓸하게 느껴져."

남성에 대한 사랑과 존경이 있는 말이다. 물론 불평하는 남성도 있고, 푸념도 불평도 하지 않는 씩씩한 여성도 많다. 하지만 확실히 남성에게는 여성과는 또 다른 외로움이 있는 것 같다.

요즘은 덜하지만, 아직도 남자들은 어릴 때부터 영웅이나 유명 운동선수를 목표로 삼으라고 배우고 '남자는 울면 안 돼. 강해야 해', '남자가 잘 벌어야지', '남자는 가족을 부양해야 해' 같은 말을 귀에 못이 박히도록 듣는다.

여성이 '여자는 애교가 있어야지'라는 잘못된 생각을 주입받듯이 남성에게는 남성에게만 강요되는 내용이 있다. 그래서 주변을 둘러보면 유능해지고 싶고, 사회적 평가를 좋게 받고 싶어서 신경 쓰는 사람이 상대적으로 많은 것 같다.

'남자니까…'라는 가치관은 남자의 미학, 노력의 원동력이 되기도 한다. 그러나 일벌레가 되어 업무와 출세 경쟁에만 몰두하다 보면, 퇴직한 뒤 할 일이 없어졌을 때 급격히 위축되기 마련이다. 자기 안의 외로움을 마주하기 두려워서 숨 돌릴 틈도 없이 무턱대고 달린 결과인지도 모른다. **그렇게 되기 전에 '자신이 무엇을 하고 싶은지'를 외로움 속에서 생각해 두어야 후회하지 않는다.**

유능한 상사, 인기 있는 남자는 강한 사람이라는 생각은 착각이다. 요즘은 마음을 열고 '나 좀 도와줄래?'라고 약점을 보이며 솔직하게 의지하는 남성이 부하 직원이나 여성의 지지와 사랑을 받는다. 자기 삶의 방식을 진지하게 따져서 '새로운 남자의 미학'을 만들어야 한다.

96

가족에 대한 기대가
외로움을 낳는다

|

쳐다보기만 해도 화날 때는
거리를 둬야 한다

부모 자식이든 부부든 '함께 있어도 무슨 생각을 하는지 모를 때' 사람은 외로움을 느끼기 마련이다.

어떤 여성은 남편이 정년퇴직한 뒤, 하루 세 끼 꼬박꼬박 밥상을 차렸다. 저녁 식사는 매일 6시 반. 정해진 시간에 식탁에 앉아 대화 한마디 없이 TV를 시청하며 밥을 먹었다. 이 여성은 '오늘도 고마워'라는 인사 정도는 듣고 싶다고 불만이었다. 남편은 남편대로 웃지도 않고, 상냥하지도 않으며, 자기 고집대로 집안일을 하는 아내에게 답답함을 느끼고 있었을 것이다. 1년 후 남편은 말없이 집을 나갔다고 한다.

아마 퇴직 후 1년 동안 있었던 일 때문이 아니라 오랜 세월 함께 살았다는 사실만 믿고 대화를 나누지 않았기 때문일 것이다. 잘못 끼운 단추 탓에 갈수록 원망이 커진 것이다. 마지막에 아내는 남편의 얼굴도 보기 싫을 정도였다고 한다.

부모 자식도 각자 바빠서 함께 밥도 먹지 않고, 대화도 없다는 가정이 많다. '부모인 내가 내 자식을 제일 잘 안다', '부부는 같이 살기만 하면 되지 대화가 무슨 소용이야?'라는 생각은 잘못된 생각이다. 특별한 일이 아니라도 '오늘 이런 일이 있었다', '이런 생각이 들었다'라는 대화를 나누어야 서로에 대해 모르는 점을 자꾸 발견하게 된다.

아니, 말하는 내용보다 상대를 마주하려는 자세가 더 중요할지도 모른다.

앞선 예와는 달리 부모 자식 사이가 너무 좋아서 과잉 간섭하는 탓에 생기는 갈등도 있다. 자녀가 친구처럼 일과 연애에 대한 고민을 이야기할 할 때, 부모가 '실패하지는 않을지 걱정돼서', '부모밖에 해줄 수 없는 말이라 안달이 나서' 참견하기 때문이다. 자녀도 부모의 기대에 부응하지 못해 짜증이 날 것이다. 이런 경우는 부모 자식이 거리를 두지 않아 홀로서기에 실패했기 때문에 겪는 갈등이다.

'자식(부모)이 내게 잘해주면 좋겠다', '형제자매니까 서로 도와야 한다'라는 기대가 문제의 원인이다. **상대를 있는 모습 그대로 보고 존중하려면 기대려야 기댈 수 없는 물리적 거리, 마음의 거리를 둬야 한다.**

97

외로움을 감당하기
어려울 때가 있다면

|

누구나 약해질 수 있으니
그럴 땐 도움을 요청하자

평소에는 '혼자가 좋다'라고 생각하는 사람도 가끔은 혼자라는 사실을 감당하기 어려울 때가 있다. 개중에는 '나는 아무리 힘들어도 혼자 견뎠다. 그래야 한 인간으로서 강해진다'라고 주장하는 사람도 있지만, 이런 사람은 정말 적으니 함부로 믿어서는 안 된다.

'사람은 누구나 약해질 수 있다'라는 전제하에 살면서 정말 힘들 때는 도움을 요청하자. 홀로 깊고 어두운 외로움의 심연을 벗어나지 못해 위기를 맞았을 때는 다가와 주는 사람이 한 명만 있어도 든든함을 느낄 수 있을 테니 말이다.

조금 극단적인 이야기지만, 한 여성은 남편이 자살하자 죄책감, 불안, 쓸쓸함에 자신도 남편 뒤를 따르고 싶다는 충동을 느꼈다고 했다. 그러던 중 우연히 자신처럼 가족을 잃은 여성을 만나이야기를 털어놓고서야 안정을 되찾았다고 한다. **'나만 힘든 것이 아님'을 알게 되면 위로가 된다.**

의존증, 중독증이나 특정 질병을 앓고 있는 사람, 가정 폭력 피해자 등의 모임에 가 보면 비슷한 처지끼리 생각과 정보를 나누고, 희망과 문제 해결의 힌트를 얻는 모습을 볼 수 있다.

이 외에 소중한 사람이나 반려동물과의 이별, 질병, 실패, 실연, 실직, 주변인과의 다툼 등 깊은 슬픔에 휩싸였을 때도 마찬가지다. '우울해지면 안 된다'가 아니라 '침울해지는 게 당연하다'라는 생각으로 자기 상태를 인정하고 천천히 회복해야 한다. 가까운 사람에게 속내를 털어놔도 좋을 것이다. 상대에게 마음을 여는 계기가 될 수도 있다.

또 특별한 사건이 없는 사람도 바쁘게 일하다 보면 갑자기 외로움에 휩싸일 때가 있다. **그렇게 되기 전에 평소 마음을 치유해 줄 무언가를 확보해 두고 의지할 수 있어야 한다.**

누군가와 대화를 나누어도 좋지만, 증상이 가벼울 때는 독서도 좋다. 대문호들은 우리가 느끼는 외로움과 슬픔을 이미 오래전에 체험하고 그에 대해 글로 남겨두었다. 쓸쓸하다면 책을 통해 누군가의 감성과 지혜를 접하는 것도 나쁘지 않다.

98

외로움과
분투 중인 사람이 중시하는 것

|

나를 지탱해 주는 사람이 있으면
외로움을 날려버릴 수 있다

2022년 세상을 떠난 영국 엘리자베스 2세 여왕을 추모하는
TV 프로그램에서 측근 중 한 명이 인터뷰에 응했다. 살아생전
영국 왕실이 비난받을 때마다 비난의 창끝이 여왕을 겨냥했다는
물음에 그는 답했다.

"여왕은 그 어떤 순간에도 감정을 드러내지 않았어요. 늘 자기
안으로 삭이고 참으며 해결하셨죠."

그런 위치에 있는 사람들은 남들이 헤아리기 어려운 외로움을
늘 안고 살기에 어린 시절부터 '제왕학'을 배운다. 함부로 감정
을 드러내지 않는 것도 그 내용에 포함된다. 아랫사람들이 표정
을 읽고 아부하게 되기 때문이라고 한다.

'제왕학의 3원칙'에서는 자신을 지탱해 주는 사람을 세 명은
두라고 가르친다. 원리 원칙을 가르쳐 주는 스승, 직언해 주는 친

구, 간언(충고)해 주는 부하가 그 세 사람이다. 아랫사람에게는 직언보다 더 혹독한 충고를 받으라는 점이 핵심이다. 자존심 따위 내려놓고 겸허하게 비판을 들으려 한 점이 주목할 만하다. 그렇게 자신을 지탱해 주는 사람들이 있어야 최고의 역할을 수행할 수 있는지도 모른다.

정상급 운동선수들도 상상을 초월할 만큼 큰 외로움을 감내해야 하는데, 인터뷰 등에서는 언제나 '응원해 주는 여러분 덕분에'라고 인사한다. 지지와 격려가 있기에 자신이 존재할 수 있다고 생각하기 때문일 것이다. 사람은 자신을 위해 기뻐해 주는 사람이 있을 때 진정한 힘을 발휘할 수 있다. '나 혼자 잘났고 나만 기쁘면 된다'라고 생각하는 사람은 콧대만 높아져서 일도 잘되지 않고, 사람도 떠난다.

제왕이나 정상급 운동선수가 아니라도 **'더 나은 사람이 되자'**, **'최고의 삶을 살자'라는 생각이 있다면 자신을 지탱해 주는 타인의 힘을 늘 되새기는 것이 좋다.**

존경할 만한 멘토가 아니라도 '저 사람은 어떻게 생각할까?'를 상상하거나 후배에게 '어떻게 생각해?'라고 물어보면 도움이 된다. 그리고 멀리서 나를 지켜보고, 무슨 일이 있을 때 함께 기뻐해 주는 사람이 있으면 그것만으로도 격려가 된다.

날마다 감사함을 잊지 말고, 주위의 힘을 자신의 힘으로 바꿔 보자. 그것만큼 든든한 일이 없다.

99

사랑에는 외로움도
따르는 법이다

|

성숙한 사랑은 상대와 나를
모두 존중한다

사랑하고 싶은 욕구는 인간 심리에 기본적으로 잠재되어 있
다. 하지만 그 어떤 사랑에도 외로움과 불안, 분노, 슬픔 등의 고
통은 따르기 마련이다.

예를 들어 연인이 없으면 '혼자는 쓸쓸해서' 외롭고, 자신감이
없으면 '어차피 난 인기가 없어'라는 생각에 외롭다. 좋아하는
사람이 생기면 '나를 봐주지 않아서' 외롭고, 사귀고 나면 '자주
만날 수 없어' 외롭다. 그러다가 이별 예감이 들면 '버림받고 싶
지 않다', '혼자가 되기 싫다'라는 생각에 외롭다.

한숨과 눈물이 멈출 날이 없는 것이다. 그러다 보니 상처받을
까 봐 두려워서 '애인 따위 필요 없어', '그 사람 별로 좋아하지
않아'라고 자기감정을 속이는 사람도 나온다. 사랑에 관심을 두
지 않으면 괴로워서 몸부림칠 일도 없을 것이다. 하지만 그런 사

람은 그 사람 나름대로 외롭고 허전한 마음을 느낀다.

성숙한 사랑을 하고 싶다면, 고통과 외로움을 함께 받아들여야 한다. 의존심이 강한 사랑은 자신의 요구와 감정을 상대방에게 무턱대고 투척하기에 서로가 상처 입기 쉽다. 상대방을 제 마음대로 다루려 하거나 자신을 죽이고 과도하게 상대를 따르려 한 결과다. 상대가 자신의 기대에 부응하지 못하면 사랑이 증오로 변하기도 한다. 이런 유치한 사랑은 그만해야 한다.

성숙한 사랑은 스스로 해결할 줄 알기에 여유가 있다. 자기 마음을 산뜻하게 전하면서도 상대를 존중하며, 요구에 지나침이 없다. 딱 좋은 거리감을 유지하는 것이다. 자신과 상대가 모두 웃을 수 있는 관계를 목표로 삼아야 한다.

최근 한 고령의 여성으로부터 짝사랑 상대가 생겼다는 사실만으로도 매일 즐겁다는 이야기를 들었다. 원래 누군가를 좋아하면 그것만으로도 행복감이 드는 법이다. **사랑은 사람을 건강하고 매력적으로 만들어 주니까** 말이다.

사랑에는 다양한 방법이 있으니 두려워하지 말고, 사랑의 장점을 마음껏 누렸으면 좋겠다.

100

자신을 사랑하지 못하는 사람은 남도 사랑할 수 없다

|

자신을 행복하게 만들 줄 아는 사람이야말로 사랑을 주고받을 수 있다

'자신을 사랑하는 자세'는 나르시시즘이 아니다. 자신을 위해 비싼 물건을 사거나, 고급 옷을 걸치거나, 자기만을 위해 떼를 쓴다는 의미도 아니다.

자신을 행복하게 만들 줄 안다는 의미다.

그러려면 하고 싶은 일을 자유롭게 하도록 해주고, 하고 싶지 않은 일을 억지로 강요하지 않으며, 외로워도 자신을 즐겁고 기쁘게 하고 치유하며 기운을 북돋아야 한다.

이렇게 사랑을 '자급자족'할 수 있는 사람은 자신을 긍정한다. 그리고 타인에게도 '지금 당신 모습 그대로가 좋다'라고 관용을 베풀 수 있다.

자신에 대한 사랑이 부족한 사람은 타인이 자신을 사랑해 주기를 원한다. '사랑받고 싶고', '인정받고 싶어서' 기를 쓰고 애정을 확인하려 하고, 상대의 개성을 바꾸려 하고, 그게 아니면 자신이 억지로 상대에게 맞추려 한다. 마음속으로 누군가가 옆에 있어야 행복해질 수 있다는 생각으로 인해 상대가 무언가를 해주기를 기대하는 것이다. 결과적으로는 불안과 초조가 자신과 상대를 모두 괴롭히게 된다.

내면적으로 자립한 사람은 '사랑도 자신이 하고 싶어서 하는 것이기에' 애정을 아낌없이 쏟을 수 있다. 상대의 마음을 존중하기에 강요하지도 않고, 대가를 요구하지도 않는다.

내 주위에도 그런 친구들이 있다. 흔들림 없는 자신감이 있는 사람은 자연스럽게 행동한다. 부자연스러운 배려도 필요 없기에 인간관계도 원활하다. **주위를 애정 어린 눈으로 바라보는 사람이야말로 주위의 사랑을 받는다.** 자기 주도적으로 사랑하기에 애정이 점점 많아지는 것이다.

자신을 사랑하는 것은 세상과 타인에 대한 사랑으로 이어진다. 그런 사랑 많은 사람이 되려면 마음가짐을 밝게 하고, 자기 삶의 방식에 자부심을 느끼며 좋아해야 한다.

'내게는 나를 행복하게 할 힘이 있다', '자기 주도적으로 사랑할 수 있다'라는 믿음이야말로 기분 좋고 건강한 하루를 만들 것이라고 확신한다.

단단한 외로움의 즐거움

지난 일주일 동안 아무도 만나지 않고, 그 누구와도 이야기 나누지 않은 채 집에 틀어박혀 지냈다. 요양원에 계신 어머니의 건망증이 더 심해지지 않도록 매일 전화를 거는 것 외에는 말이다.

오늘에야 겨우 작업이 일단락되었다. 차를 몰아 식료품을 사러 가는 길에 근처 주유소에 들렀는데, 낯익은 젊은 여직원이 생글생글 웃으면서 "오랜만이네요! 한 달 넘게 안 오셨죠?" 하며 달려왔다.

"네. 한동안 차 탈 일이 없었어요. 오늘은 춥네요. 감기 조심하세요." 라고 나도 반갑게 대꾸했다. 별것 아닌 대화를 주고받았을 뿐이지만, 나를 기억해 준 것이 고마워서 순간적으로 내 마음이 따뜻해진 것이다.

인간에게는 '혼자 있고 싶다'라는 생각과 '누군가와 함께 있고 싶다'라는 생각이 공존하는 법이다. 그래서 줄곧 혼자 지내는 사람의 마음에는 누군가의 배려가 깊이 스며든다.

이 책에서 말하는 '혼자'는 주로 마음가짐에 관한 이야기다. 그런데 현실적으로는 '만나는 이가 아무도 없다', '일 외에는 타인과의 대화가 전혀 없다'라는 사람도 있다. 그런 의미에서 사람의 외로움에는 크게 두 종류가 있다. 하나는 '자신이 원하는 외로움'이고 또 하나는 사회에서 소외되었다고 느끼는 '원치 않는 외로움'이다.

앞으로는 후자의 외로움이 점점 더 늘어날 것 같다. '질병처럼 위급한 일이 있을 때 도와줄 사람이 없다', '나에게 신경 써줄 사람이 없다'라고 걱정하는 사람들, 다시 말해 의지할 사람이 없어서 느끼는 외로움은 젊은이들 사이에서도 늘고 있다.

그런데 나는 '원치 않는 외로움'을 느낄수록 외롭지 않은 사람보다 더 마음을 열 수 있고, 서로 대화하며 의지할 수 있다고 절실히 느낀다.

고독은 타인과 완전히 단절된 삶의 방식이 아니다. '아무도 나를 이해하지 못한다'라고 한탄해서는 안 된다. 누군가의 이야기를 들어주고, 이해해 주고, 존경하고, 감사하고, 돕고, 같은 목적하에 협력하는 등 자신이 먼저 나서서 관계를 맺을 방법은 얼마든지 있다.

앞으로는 가까운 가족이나 조직 안에서만 사랑을 주고받는 것이 아니라 넓은 사회 속에서 누군가를 지지해 주고, 또 다른 누군가에게 지지받는 시대가 올 것으로 생각한다. 나는 그런 희망으로 세상을 바라보고 있다. 외롭고, 불완전한 존재임을 인정하는 사람이야말로 씩씩하게 삶을 개척할 수 있지 않을까?

외로움과 삶은 즐기는 사람이 승자다. 외로움을 즐길 힘은 누구에게나 있다. 인생을 '나만의 여행'으로 생각하면서 여러분에게 주어진 날들을 마음껏 즐겼으면 좋겠다.

끝까지 읽어주신 독자들께 감사한다.

여러분이 멋들어진 여행을 즐기기를 바라 마지않는다.

아리카와 마유미

혼자를 즐길 수 있는 사람이야말로
멋있고 아름답고 행복한 사람이다.

혼자라서 외로운 사람
혼자서도 행복한 사람

초판 1쇄 인쇄 | 2024년 3월 13일
초판 1쇄 발행 | 2024년 3월 20일

지은이 | 아리카와 마유미
옮긴이 | 정문주
펴낸이 | 전준석
펴낸곳 | 시크릿하우스
주소 | 서울특별시 마포구 독막로3길 51, 402호
대표전화 | 02-6339-0117
팩스 | 02-304-9122
이메일 | secret@jstone.biz
블로그 | blog.naver.com/jstone2018
페이스북 | @secrethouse2018
인스타그램 | @secrethouse_book
출판등록 | 2018년 10월 1일 제2019-000001호

ISBN 979-11-92312-90-3 03320